大数据时代下高校教育管理与信息化研究

金　刚　王　皓　杨兴龙◎著

吉林文史出版社

图书在版编目(CIP)数据

大数据时代下高校教育管理与信息化研究 / 金刚，王皓，杨兴龙著. -- 长春 : 吉林文史出版社，2023.6
ISBN 978-7-5472-9487-1

Ⅰ. ①大… Ⅱ. ①金… ②王… ③杨… Ⅲ. ①高等学校－教育管理－信息化－研究－中国 Ⅳ. ①G640-39

中国国家版本馆CIP数据核字(2023)第116002号

DASHUJU SHIDAI XIA GAOXIAO JIAOYU GUANLI YU XINXIHUA YANJIU

书　　名 大数据时代下高校教育管理与信息化研究
作　　者 金　刚　王　皓　杨兴龙
责任编辑 陈　昊　张　蕊
出版发行 吉林文史出版社有限责任公司
地　　址 长春市福祉大路5788号
印　　刷 北京四海锦诚印刷技术有限公司
开　　本 787mm×1092mm 1/16
印　　张 11.25
字　　数 260千字
版次印次 2023年6月第1版　2023年6月第1次印刷
定　　价 52.00 元
书　　号 ISBN 978-7-5472-9487-1

前　言

随着信息技术迅猛发展，大数据已广泛应用于人类社会的各个行业。利用大数据技术优化办学要素结构、提升教育管理水平，是高校提高办学效益，同时也是促进高等教育管理从渐进式发展向素质化发展转变的重要基础。教育管理是国家教育体系中的重要组成部分，在保证高校教育培养质量、规范教育管理秩序等方面发挥着重要作用。高校教育管理信息化的发展在大数据时代的影响下发生了变化，大数据时代下的教育管理，是高校教育管理发展的新阶段。

鉴于此，笔者撰写了《大数据时代下高校教育管理与信息化研究》一书，在内容编排上共设置六章：第一章作为本书论述的基础和前提，阐释教育管理的组织系统与指导思想、教育管理的基本属性与特征、教育管理的原则方法与内容体系以及大数据时代下教育管理的机遇与挑战；第二至第五章基于大数据的视角，论述高校学生管理信息化、高校教育质量管理信息化、高校创业教育管理信息化以及高校教育管理与信息化的多元融合；第六章突出实践性，分别对基于大数据时代的教学管理系统构建、高校学生综合测评系统设计与实践、数据挖掘技术在科研管理中的创新、大数据下教育管理长效机制的实现进行研究。

全书结构科学、论述清晰，力求达到理论与实践相结合，让读者在学习基本方法和理论的同时，注重教育管理方法的推陈出新，使教育管理充分体现社会价值，提高教育质量，促进教育事业的发展。

笔者在撰写本书的过程中，得到了许多专家学者的帮助和指导，在此表示诚挚的谢意。由于笔者水平有限，加之时间仓促，书中所涉及的内容难免有疏漏之处，虽然笔者对内容严格把关，反复审校斟酌，并在局部范围内充分征求意见，但存在须讨论之处在所难免，希望各位读者多提宝贵意见，以便笔者进一步修改，使之更加完善。

目　录

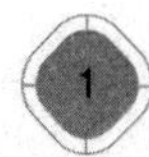

第一章 大数据时代下教育管理的基本理论

第一节 教育管理的组织系统与指导思想

一、教育管理中的教学组织系统

高校教学管理组织系统是教学管理群体为共同目标的完成，利用权责分配、层级统属关系与团队精神构成的，能够帮助实现自我发展与调节的社会系统。高校教学管理组织系统用于解决谁管理与如何管理的问题，管理体制是指组织机构安排、隶属关系与权责规划等组织制度体系化建设。高校要想充分发挥教学管理组织功能，就要从根本上优化管理体制，促进组织结构的科学合理建设。管理系统属于结构性关系组织，不仅是组织成员彼此行为关系构成的一个行为系统，更是一个随时代变迁而调整适应的生态化组织。

教学管理组织建设的根本目的是要构建全面科学的教学管理系统，构建质量管理系统与运行机制，更好地为广大师生以及教育教学工作提供助力。教学管理系统关注的是过程管理纵向系列与横向系列整合。其中，纵向系列指学校、二级学院（部）、教学系部和教研室；横向系列有教务部门、科研部门、学生管理部门、人事部门、政工部门、后勤保障部门等；高校要促进教学目标的实现，培育出更多优秀人才，必须确保两个系列进行有效协调。高校要构建教学管理组织系统，保证该系统工作可以顺利高效地开展、灵活创新地运行，一定要打造高素质的教学管理队伍，明确机构设置，确定岗位责任。

二、教育管理中的教学指导思想

在对我国高校学生管理进行指导思想研究的过程中，需要特别注意运用以下观点与思想。

（一）利用对立统一观点进行引导

辩证唯物主义哲学是所有社会与自然科学的理论根基。方法论与认识论渗透在全部社会与自然科学中，因而必然渗透在高校学生管理中。要利用对立统一观点，明确管理整体观念。

第一，从横向来看，秉持整体观念是处理局部间分工合作一致性，将各部门进行有效协调，共同为培育全面发展人才的管理目标服务。

第二，从纵向来看，并用整体观念使局部与整体统一，从学生管理工作整体系统的角度来看，构成有机整体的每个部分都是支系统和局部。学生管理系统整体功能最终是局部组合形式决定的，虽然局部拥有特定功能，但都应服务于系统整体目标与功能，局部要素要以整体目标为基准建立起来。

（二）运用高等教育与现代科学管理理论进行指导

现代治校理念要求，要运用现代科学进行学校与学生的管理。具体而言，一要靠教育科学，遵照教育内外部规律办事。例如，高等教育规模是受经济基础决定的，又会反作用于经济基础。高等院校是高等教育的重要平台和有效载体，如今人才竞争激烈程度逐步增加，市场化竞争更是空前激烈，思想观念、结构、体制等多个方面都出现了一系列的变革。

高校学生管理要持续不断地进行，新情况的研究与新问题的解决，面向新时代培育复合型人才。二要靠现代管理科学理论方法完成管理活动，确保学生管理组织机构完善，管理制度健全，人员责任、岗位分工恰当，职责明确，奖罚分明，动作协调一致，管理高效。运用现代管理科学指导学生管理，主要是对基本原理进行应用，主要包括：人的能动性、规律效应性、时空变化性、系统整体性的原理。在具体的管理实践当中，一定要促进组织系统化建设，决策科学化发展、方法规范化进步与手段现代化改革。

第二节　教育管理的基本属性与特征分析

一、教育管理的基本属性

（一）自然与社会属性

高等教育管理的自然属性主要表现在普遍性方面。高等教育的管理是一种社会活动，社会活动的有序进行就需要进行管理，因此，高等教育管理是社会活动中普遍存在的一种管理现象。无论哪个国家或哪个历史时期，只要存在高等教育活动，就存在各种培养高级专门人才的活动（包括专业设置、培养目标、课程设计、教学过程、教学方法、教学手段等），就有进行管理的必要。高等教育管理的社会属性主要包含两层含义：①高等教育管理具有历史文化的继承性，即在人类创造历史的过程中，由于社会及自然环境不同所形成的各种地域文化，在高等教育管理活动中留下深刻的印记；②高等教育管理具有政治性。

自然属性与社会属性是高等教育管理活动本身所具有的两种属性，两者处于矛盾统一体之中。高等教育管理的两个目标，规定了高等教育管理两种属性是一对相对统一的矛盾，它具体表现在维持系统整体特性功能目标应具有的稳定性与高等教育管理追求最大“结合力”、要求改变系统结构而产生不稳定性之间的矛盾，此两者之间的矛盾运动，使高等教育管理不断得到改善。同时，高等教育管理的两种属性又统一于高等教育管理计划、组织、领导和控制等管理环节上，根本上统一于高等教育管理的效益上。将高等教育系统内成员的个人目标整合成系统整体特性的功能目标，目的在于把分散的具有一定功能行为的个体结合起来，实现系统功能的加强，而离开了自然属性，高等教育管理的社会属性是不可能体现出来的，其社会价值目标也不可能实现。

（二）封闭性与开放性

高等教育管理的封闭性是指在高等教育管理过程中，根据高等教育管理的特殊矛盾，而在高等教育系统内部自我运转和良性循环的性能；高等教育管理的开放性是指在高等教育管理过程中，根据高等教育管理的特殊矛盾而在高等教育系统与外界环境相互关系中，实现物质、能量、信息交换的性能。就高等教育管理的封闭性而言，在高等教育系统内，无论进行哪种高等教育管理工作，一个首要的前提就是在一个相对独立、完整的高等教育系统内部，按照高等教育系统的特定目标而进行优化组合，即在高等教育系统的“投入—加工—产出”的过程中构成一个相对封闭的系统。

无论是高等教育管理封闭性还是高等教育管理开放性，其目的都是使高等教育系统的生存和健康发展得到保证，具体表现在统一高等教育管理的诸环节上。例如，通过高等教育计划，在解决高等教育系统与环境矛盾中使封闭性与开放性统一起来；通过高等教育组织、领导，在解决高等教育系统内系统与系统、系统与个人矛盾中使封闭性和开放性统一起来，通过高等教育控制，在解决高等教育系统既定目的与实施中，偏离目的的矛盾中使封闭性和开放性统一起来。高等教育要向世界开放，汲取世界上先进的管理经验，包括一些先进的管理制度、向其他行业开放，走开放办学的道路，其间企业产生的现代企业管理的先进理念以及方法，对高等教育管理借鉴价值非常大。

（三）及时性

现代教育管理是即时的、当下的，具有预警性，这为教育管理者抓住关键时期开展工作提供了技术保障。在网络深度覆盖的校园里，师生活动处处有数据、有信息，合成空前的数量，其中的信息暂不考虑其现象是否与本质完全符合，但是一些异常的信息和规律性的信息总是会在海量数据中涌现出来。对异常的信息，通过相应数据技术设立容忍度和临界点，使之达到界限后启动报警系统，最终起到防患于未然的作用。学生的交际问题、学业问题、就业问题、感情问题及经济问题等，都必然会通过现代教育管理的各种媒介得到展示与抒发，现代教育管理可以做到因势利导、超前谋划，及时预防和处理危机事件，尽量避免或减少相关损害。

（四）科学性

现代教育管理通过全面的考量，洞察师生的行为规律，从而提高教育管理科学性。当前，人类行为大部分是可以预测的，也是有规律的，它们都受制于规律、模型以及原理法则，而且它们的可重现性和可预测性与自然科学相当。

在教育决策方面，现代教育管理具有科学性。高校教师的科研数据、教学数据、评奖评优数据、参加各类大赛数据及其生活、作息、交友、娱乐等数据，它们之间及它们与学校的管理机制、制度及投入等都有着诸多关联，这些数据背后都隐藏着规律，如可以通过对科研成绩斐然的教师的作息与科研之间的关系、兴趣爱好与科研之间的关系、教学成效与科研之间的关系等诸多维度进行数据关联分析，建立数据模型，寻找其中规律，为科学决策提供依据，从而更好地制定学校科研政策、教学管理制度及评价制度。

同时，现代教育管理对于学生的学习与需求、舆情监控及科学决策有着重要意义。学生的学习成绩、能力素质、上网习惯、图书借阅、就餐情况等之间存在某种关联，通过数据分析，寻找这种关联和规律，增强教育管理的科学性，从而提高管理的效果。

（五）互动性

现代教育管理克服单向度，实现师生的互动，从而产生互动效应。互动效应在心理学上指两个以上的个体，他们通过相互作用而彼此影响从而联合起来产生增力的现象，亦可称为耦合效应或联动效应。一般而言，赋予积极的感情行动，将会收获积极的感情反应。

现代教育管理应用大数据教学平台，高校教师与学生可以即时互动，答疑解惑、传道授业，对于学生做题的速度、学习的进度，教师都可以实时监控，做出处理，其他学习者也可以做出解释和指导。在这样的学习互动氛围中，信任、支持、谨慎、勤奋及求精等情感信息释放，从而在整个群体中产生积极互动效应。

（六）差异性

因材施教、个性化管理和多样化人才培养一直是教育的理想，教育管理对象具有差异性，尊重学生的个性特点、兴趣爱好、能力差异、家庭背景差异等，是教育管理者做好教育教学管理和服务工作的前提。在小数据的时代，教育管理者要做到见微知著是比较困难的，但是在信息化时代，这一切都显得更加容易。现代教育教学资源，可以为学生量身定做适合个性特征的培养方案和课程清单，让学生突破时空限制，享受高质量的教育教学资源。

（七）权变性

权变管理的核心思想就是“以变制变”。管理没有定法，只能根据外部环境和内部要素的变化而采取不同的方法策略。学生的学习数据、教师的教学数据、管理人员的行为数据、监控里的安全数据等，都是动态的、实时的，形成一股股信息流，一切都是不断向前流动的过程，故而“变”是教育管理永恒的主题，这就要求教育管理人员要及时掌握管理对象、管理内外部环境的变化情况，研究各种变化的趋势和规律，并研究各种变化之间可能的相互作用及后果，从而提前采取相对科学、适宜的有效方式来应对。

（八）整合性

现代教育管理通过大数据技术很好地实现资源整合。初级层次的资源整合是介于学校内部各部门、各单位之间的数据资源整合。通过大数据平台的建设，可以打破部门数据分割，实现数据共享，促进数据公开和流通。高校之间及区域之间的大数据平台建立是资源整合的高级层次，这对于促进整个地区乃至国家的教育发展、资源节约具有重要的战略意义。

二、教育管理的特征分析

（一）管理目标的特征

“教育改革即将全面展开的今天，如何把教育管理理论进一步发展成熟，以更加科学、高效地指导教育改革实践，是摆在每一位教育管理者面前的一项重要而紧迫的任务。”① 高等教育系统目标的特殊性决定了高等教育管理目标特征的特殊性。高等教育系统的主要目标是根据高等教育的功能来确定的，因此，对管理的功能与目标相应地提出了它的特定要求。高等教育管理的功能就是要通过计划、组织、协调、控制等使高等教育更加符合社会发展的要求、符合社会生产力的要求，这种要求表现在教育的层次、结构、规模、质量等方面的目标。

另外，在微观方面，高等教育管理要使组织中的每个成员按高等教育规律办事，更好地完成既定的目标。高等教育系统的目标是根据高等教育规律和社会发展对高等教育的需求来制定的，所以，高等教育系统的协调活动也应该以高等教育的规律为指导，而不能简单地照搬企业管理中的某些方式方法。从这个意义上而言，高等教育的微观管理是以更好地培养人才并且着眼于提高人才的质量为根本目标的管理活动，它不能也无法以只追求经济效益为目标（更不能以只追求利润为目的）。与行政管理、企业管理等其他管理所不同的是，如何将社会效益和经济效益有机结合，纳入高等教育管理的目标中，正确地处理好社会效益与经济效益的关系，是高等教育管理者值得研究的，这也正反映了高等教育管理目标的特殊性。

（二）管理资源的特征

不论是宏观高等教育管理还是微观高等教育管理，高等教育管理资源要素特征的特殊性具体表现在以下方面。

第一，从高等教育管理的主体和客体来看，即从管理者和管理对象两个方面来看：①组成高等教育系统的主体要素——教师，是创造和掌握专门知识的群体；②高等教育系统的主体性成员——学生，是受过完全中等教育的青年，对他们的管理和协调方式要符合他们身心发展阶段的特殊性。正是由于高等教育系统组成人员的特殊性，管理中存在着一种

---

① 黄永军：《发展教育管理理论的方法探究》，载《国家教育行政学院学报》2011 年第 1 期，第 43 页。

特殊的管理现象，这种现象强调和要求自我管理。

第二，教育投资与经费的管理是一项复杂的工作，因为它的用途是复杂的，有时候还不能用绝对的量化管理来处理，有时候投入产出还不能在短期内就见到成效，经济回报率可能很低。这就是高等教育的经费管理有别于企业管理、行政管理、经济管理等的特殊性。

第三，教学与科研的物资设备的管理特殊性，表现在这类资源不完全是生产性资源，这些物资设备是建立在教学科研功能上的，是为了完成教育教学实验实习、科学研究开发等，它不仅是一套设备，可能是一个个教学实验和科学研究的基本平台。

（三）管理活动的特征

高等教育管理活动的特殊性体现在高等教育组织管理的活动中，最主要的表现特点之一就是要协调学术目标与其他目标之间的矛盾。学术目标是一种高智力投入和高智力劳动的追求，除了个体的高智力劳动外，同时还要强调高智力劳动的结合、高智力劳动者的团结协作。高等教育系统的主导性活动是传授知识、创造知识，高等教育所培养的各类专门人才和高等学校所提供的各种科技成果主要是通过学术水平和应用价值的高低来衡量的，管理活动的学术性十分强。

因此，学术目标的组织、协调、实现等是高等教育管理活动中的特殊矛盾，这就要求高等教育管理活动一定要重视学术这一特殊目标，使这一特殊的管理目标与学术目标相符合。高等教育组织中的教学活动是教与学的双边关系，高等学校师生是一个特殊的群体，在完成教学目标和管理目标的过程中，师生参与到具体的教学管理活动，达到双边认知认同，教学民主就显得更加重要。大学教职工是高等教育系统中能动的力量，是实现高等教育管理目标的智慧源泉，要充分发挥他们的智慧和力量。高等教育系统中实行学术民主将激发师生员工极大的能动作用，使大家从信任中受到鼓舞，在学术自由这个平台上施展自己的才华，在学校的管理活动中真正成为中坚力量。

（四）突出教育功能

高等学校的人才培养工作离不开高校教育管理，高校教育管理除了管理的属性外，还有鲜明的教育属性。

第一，高校教育管理的目标服从和服务于学生教育的目标。高校的教育管理是为了实现预定的教育目标。学生踏入校门的目的就是为了接受教育，高校如何通过高校教育管理来实现育人目标，是高校管理者必须思考的问题。高校教育管理必须以学生圆满完成预定学习目标为服务基础，制定出可以促进学生德、智、体、美全面发展的管理措施，完成不断地为社会输送人才的目标。高校教育管理与学生教育目标的关系是，高校教育管理是手段，学生教育目标是手段实施的依据。首先，学生教育目标的实现离不开高校管理目标的实现。学校只有开展有效且高效的教育管理，才能为学生学习提供各种便利和服务，才能积极调动学生的主观能动性，保证教学活动正常进行和学生的全面成长。其次，高校教育管理的目标要以学生教育的目标为实施依据。

第二，教育方法在高校管理方法体系中具有突出的作用。高校教育管理活动应该以现代管理活动中最常见的教育方法为基础手段，提高高校教育管理的实施成效。而高校教育管理是在组织活动中实现的，组织活动离不开人的参与，只有做好人的思想工作，以思想领先为原则影响他人，才可以引导和制约人们的各种活动。就高校教育管理活动而言，学校就是要通过对学生进行不断的思想道德教育，从而使高校教育管理中的法律方法、行政方法和经济方法因突出的成绩和效果而得到实施。

第三，高校教育管理过程同时也是教育学生的过程。高校教育管理是对学生进行指导和管理，蕴含着丰富的教育因素，高校教育管理的过程会直接影响学生德、智、体、美的发展。因此，高等学校管理工作的实施，一定要对学生产生积极的影响。学校要以公正和谐的理念为基础，倡导从实际出发、遵循教育规律和管理规律、实事求是的科学精神，运用民主管理、依法管理、科学管理的手段，潜移默化地影响和教育学生。只有这样，高校教育管理制定的各项规章制度才能对学生起到引导思想和规范行为的作用，需要注意的是，高校教育管理者在管理的过程中的情感、态度和言行对学生也有着不可估量的影响，因此，高校教育管理者在管理过程中也应注意自己的一言一行，努力成为正面积极的表率以及模范。

（五）影响教育管理价值导向

社会经济基础和意识形态等方面对高校教育管理的目的、管理体制和管理形式是具有制约作用的，因此要注意高校教育管理对学生价值观形成、变化和发展的巨大影响。高校教育管理对人才的价值导向影响力巨大，如何为国家建设事业培养专业人才，是我国高校教育管理的一项重要课题。影响教育管理价值导向的具体内容有以下方面。

第一，高校教育管理的价值导向集中体现在管理目标中。人类实践活动的基本特征是目的性强。人的实践活动总是体现一定的价值观念，在实践对象的属性和一定需求及其变化趋势的基础上做出认知判断，是人实践活动目的的基本内容和活动特点，高校教育管理的目的和人实践活动的目的相同。实际上，学生价值观的形成和发展离不开高校教育管理的引导和促进，高校教育管理系统中价值观的确定和设计，是高校教育管理目的实行与运作的根基，所以我国高校教育管理的实行，要遵从我国核心价值体系的要求。

第二，高校教育管理的价值导向突出体现在管理理念中。作为高校教育管理指导思想的高校教育管理理念，对高校教育管理的原则和方法有着直接的制约作用，是对社会先进价值观的具体贯彻，是对社会价值体系的鲜明体现。

第三，高校教育管理的价值导向具体体现在管理制度中。高校教育管理若想要实现规范化、制度化和法制化，其基本保证和主要标志就是制定科学且严谨的规章制度，这是高校教育管理能够顺利实施的基本方法。管理规章制度的制定离不开价值观念的指导和影响，其具有鲜明的价值导向，对学生的价值观产生有巨大影响。具体而言，教育管理可以对学生的行为进行一系列的要求，制度中可写明具体的行为规范。

（六）管理任务呈现复杂特征

高校学生的专业学习和日常生活属于高校教育管理的内容，高校教育管理对学生各方面、各环节的培养和管理是任重而道远的，有其特有的复杂性。高校教育管理在实施的过程中，不仅要注意高校学生中心任务的顺利实行，即对学生学习行为和实践活动的管理和引导，还要注意从高校学生健康成长的角度出发，例如，对学生间交际行为、消费行为、网络行为等高校学生的日常行为进行管理和引导，通过以上工作对学生的异常行为进行早发现、早校正和早处理，以保证高校学生的健康成长，具体而言，一般可分为五个方面。

第一，对学生现实群体与虚拟群体的管理与引导。随着现代科技的不断发展，社交应用媒体的更新频繁，高校学生个性的不同会导致其活跃在不同的网络社群，所以从实际出发，不仅要对高校学生现实群体，例如学生班级、学生党团组织及学生社区和生活园区的管理和指导，还要对高校学生依据网络平台形成的虚拟群体给以持续的关注与管理。

第二，高校学生校内外的安全都要进行关注与管理。高校学生的学习生活不只会在校内进行，校外也是其活动的重要组成区域，因此在高校教育管理工作中，不仅要对学生校园内的生活进行合理的引导和管理，还要对校园外的生活进行持续的关注和督促。

第三，开展高校教育管理工作的过程中，要全面地考虑学生的具体情况。不仅要关注可以调动全体学生学习积极性的奖学金评定工作，而且还要关注家庭困难学生的资助工作，这样才能保证高校学生学业的顺利完成以及学生心理的健康发展。

第四，针对新生与毕业生的不同情况，高校要运用学校的资源提供不同的指导和服务。针对新生，高校教育管理要及时帮助新生明确未来要实现的具体目标，制订合理且科学的职业生涯规划，推动学生对高校生活的合理安排，为其未来发展奠定良好的根基。针对毕业生，要及时地为其提供就业与创业方面的信息，进行积极的服务与指导，促使学生能够快速地从学生身份向社会工作者的身份转变，最大限度地实现自身价值。

第五，学生有明显差异和个性，每个人都有其特性，高校教育管理对学生这种个人特质的遵循是有效地开展高校教育管理工作的前提。基于这个前提，高校教育管理对学生实行的因人制宜与因势利导的有针对性的工作就具有了其特定的复杂性。

（七）影响学生成长的因素复杂

高校人才如何能够健康成长，是高校教育管理的重点。在现实生活中，影响高校学生学习生活的因素多种多样，不只有学校内部的教育生活因素，外部环境因素的影响也不可忽略。由于外部环境的构成因素非常复杂，因此高校教育管理的应对也呈现出相应的复杂化。环境因素通常会通过学生的学习生活活动、人际交往等方面，对学生的成长产生不可忽视的影响和作用。其中涉及了多种多样的环境因素，具体包括：①历史和现实的因素；②自然和社会的因素；③物质和精神的因素；④国际和国内的因素；⑤家庭和学校周边社区的因素。

尤其是在现代科技与信息飞速发展的大背景之下，全球一体化趋势越来越明显，世界各国联系紧密，学生对世界各地信息的获取变得越来越容易，这些信息对学生思想和精神的影响也越发深远。

（八）教育管理理论多元化

第一，校本管理论。对于“校本管理论”的理解，要先对“校本”及“校本管理”的概念有清晰的定位。“校本”是指在学校内部进行的管理，学校作为管理的主体，能够充分实行其管理自主权，体现学校的教学特点。“校本管理”是从国外引进的词语，它指的是学区的决策权向个别学校进行的转变，即由集权向分权的一种转变。

第二，以人为本管理论。学校以教育人、培养人、发展人为教育目的，并将人作为教育管理中的首要因素和本质因素，因此学校管理的主体和客体是人。因此，在学校发展中，“人本管理”显得尤为重要。所谓“人本管理”，是在教育过程中，将教师放在教育环节的主导地位，通过设定教学方法、教学目标等进一步提高教师的教学素质。在各项管理活动中，将人摆在一个重要位置，能够充分发挥人的主观能动性，激发人的创造力，最大限度地开发每一个人的潜能，明确个人的教学目标与教学职能，引导每一个人高效完成任务。

第三，流程管理论。在社会快速发展的情况下，随之出现“流程管理论”。此管理论是以人本思想为理论基础，它认为通过一定的方法能够调动人的积极性。其管理核心所提到的“有序”，是要求在管理过程中，能够将时间与空间、硬件管理与软件管理、物的管理与人的管理完美融合起来。

第四，权变领导论。上述提到的校本管理论和以人为本管理论，已成为当今各高校教育管理的主流理论。但是在 20 世纪 70 年代中后期至 20 世纪 90 年代，多数企业和工商管理行业以及教育领域都被一种“权变管理”的管理模式所影响。这种教育理论是对现代教育管理的内涵进行扩展的一种折射。在这种教育理论的指导下，人的积极性、创造性在管理的引导下能够得到最大限度的发挥，并且能使人的价值与尊严达到高度统一。

（九）教育管理手段现代化

新媒体技术的发展，使网络运用深入人心，在人的生活和工作中发挥着重要作用，如在学校内，校园网络、办公系统等开始大量使用；在校园工作中，排课、查堂、考试、档案等工作，逐渐被现代化管理手段所替代，引起学校管理的巨大变化。网络信息的广泛运用，改变传统的职责、规章制度、上下级关系、安排课程、教学常规检查、组织考试等“形式约束”型管理模式，调整教学目标，从而能够有效地提高人们各方面的素质素养，促使高校教育管理进一步发展。

通过学校，网络信息化渗透在学校的每一个角落，将丰富多样的教育思潮与学校发展进程相融合。在此过程中，网络所具有的虚拟性、物理性等特性，将与作为学校主体的人，达到相互融合的境界，在一定程度上改变传统的“人+财+物”存在方式。传统的思维方式中，形象思维和理性思维相互独立存在，而在互联网的影响下，个人发展的多个层面会逐渐渗透其中，最后与之共同发展。因此，针对这种情况，应该尽早将对高校管理职能的重新定位提上日程。

（十）教育管理环境人文化

众所周知，校园文化建设影响着高等教育的发展。校园文化作为一种精神文化，能从根本上影响人的发展，从而使高校管理模式从“形式约束”走向“自我约束”。常见的校园文化有以下几个类型。

第一，陶冶情操的审美文化环境。创设良好的校园文化环境，可以使师生在校园文化建设的熏陶之下，提高审美鉴赏的能力，增强对自然本体与自身生命价值的认识，形成正确的世界观、人生观、价值观。例如，雕塑、长廊、假山、水榭、草坪、绿地等优美校园文化的创建，能够陶冶教师与学生的情感、净化师生心理、提高师生的行动自觉性。

第二，润物细无声的导向文化环境。充分发挥先锋模范的带头作用，师生在先人的影响下，能够审视自己的言行举止，向着更好的方向发展。在学校摆放的反映学校校风、校训的大理石雕刻，能够增加学校的文化底蕴与人文内涵。先人的模范作用、大理石雕刻的文化熏染，构成一个学校所特有的标志，成为校园环境中最久远的象征纪念物。它们既体现学校的个性特色，又能丰富师生的文化生活，起着正面的导向作用，引导全校成员构成核心凝聚力，塑造正确的是非观、荣辱观。在师生整体合力的带动下，使学校朝着积极、团结、奋发向上的目标前进。

第三，规范、有约束力的自律文化环境。除了良好的审美文化环境、有感染力的导向文化环境外，有约束力的自律文化环境也特别重要。自律文化环境除了表现在有严格的行为规范要求之外，还包括维持优美、整洁、有秩序的学习生活环境，以及橱窗、宣传栏、墙报、校报、名人塑像、花草树木等物质环境。规范、有约束力的校园文化环境可以营造自律、整洁、安谧、和谐的学习氛围，从而使师生的行为举止得到有效的纠正，促使师生的精神文化得到升华。

第三节　教育管理的原则方法与内容体系

一、教育管理的原则以及方法

原则是客观规律的反映，是观察与处理问题的根本准则。大学管理的重要原则是学生管理内在规律的体现。在整个学生管理体系当中，管理原则的地位十分重要，具有承上启下的作用，为管理目标与实现目标手段搭建了桥梁，是运用有效方法推进管理实践的根本要求。管理原则与管理目标、过程、方法、制度、管理者等要素当中，存在紧密关联，同时处在指导地位。

（一）教育管理的基本原则

1. 学生民主管理原则

高校学生管理体系当中一项非常关键的内容，是要对学生进行自我控制与管理能力的培养，使得学生能够在管理实践当中拥有主人翁意识，积极主动地参与管理活动，充分调动学生的主观能动性。为了保证学生自主管理的实现，一定要在学生管理当中落实民主管理原则，保证整体目标的实现。

就高校学生心理发展的特点而言，高校学生正处在心理自我发现的阶段，这个阶段学生拥有很强的支配自我与环境的意识，他们思想行为和中学阶段的学生有着非常明显的差异，特别是在独立性方面，渴望个人人格与意志得到尊重。面对高校给出的规章制度，以及纪律等方面的内容，高校学生会主动思考其合理性，通常不希望被动服从，渴望直接参与到管理当中。结合高校学生的心理特征，一定要在学生管理中发扬民主，让学生既是管理对象，又是主体。在落实民主管理原则时，特别要关注学生干部作用的发挥，合理选拔优秀学生干部。

2. 行政管理与思想教育相结合原则

行政管理在培育合格人才的进程中作用巨大，给教育实践提供了重要的规范与纪律保障，但具体高校学生管理是借助规章制度与行为规律等科学指导与约束学生思想行为。这些制度措施以及纪律表现在社会和高校集体意识对高校学生的要求，还体现在对高校学生行为的外部限制。

因此，单一借助管理制度解决高校学生群体复杂精神领域问题是不实际的，同时也违背了实际规律。正确管理措施的制定落实，一定要把提升学生认知能力、提高学生遵章守制的自觉性当作基础和前提。自觉遵章守纪来自拥有科学正确的认知，离不开科学化的教育实践。只有利用科学合理的思政教育方式，才能够提升学生纪律执行的自觉性，有效提升管理质量与效率。

3. 方向性原则

方向性原则决定了高等教育管理者在实际工作中，必须坚持正确的、科学的高等教育管理的政治方向、经济方向、文化方向和高等教育自身的国际发展方向。不同的社会制度对教育所培养的人才有不同的要求，不同的政治体制下高等教育管理体制有很大区别。在计划经济和市场经济条件下，高等教育的资源配置方式是不一致的。个人本位价值观主导下的高等教育在管理形式、决策的民主化、管理机构的设置等与社会本位价值观的做法也有很大不同。国际高等教育发展的共同趋势，如高等教育的大众化、国际化、民主化、私营化等，使得高等教育管理的观念、制度、内容、手段等发生重大变革，与传统的做法有了明显的差异。

4. 整体性原则

教育管理整体性原则的实施，需要注意以下内容。

（1）树立整体观念。在高等教育管理中，不论制订计划、做决策、定制度、抓调整，都要胸有全局，服从整体。树立整体观念的要旨在于，保持和实现高等教育系统的整体优化，在共同目标的引导下，齐心协力，提高效益。高校合并的目的，是为了适应社会发展的需要，提高人才培养的质量和科学研究水平。要实现这一目标，必须对合并高校的机构进行彻底的改革，尤其是一方面要从整体上优化机构设置和人员配置，实行优势互补，资源相互开放和合理利用，减少浪费和内耗，不断提高学校的效益和竞争实力；另一方面应顾全大局，以学校整体利益为重，各部门之间相互配合，从不同层面共同推动学校的发展，取得事半功倍的效果。

（2）明确重点，突出中心。管理工作错综复杂，进行管理要及时、准确发现和解决主要矛盾，以带动其他工作全面和顺利展开。在高等教育的宏观管理和高等学校管理工作中，要坚持以培养高级专门人才为中心，合理安排人力、物力、财力，确保高等教育多出好人才这一根本目的的实现。

高等学校的实际工作必须体现以教学为主的原则，因为高等学校是培养高级专门人才的场所，教学是育人的一条基本途径。教学处于“为主”的地位，而其他工作则是为其服务的，这也是高等学校长期实际工作的历史总结，反映了高等学校工作的客观规律。这就要求进行高等学校管理工作，要妥善处理教学与科研、教学与培养人才和直接为社会服务等方面工作的关系，不可以主次颠倒。

（3）加强高等教育的纵向和横向联系。高等教育的管理者在办学过程中，不仅把眼光放在高等教育这一个阶段，而且要向两端延伸，既要了解高等教育阶段以前基础教育的情况，又要进行毕业生情况的追踪调查，以利于高等学校工作的调整改革。高等教育是社会整体的一部分，不会不受到社会的影响，要了解并掌握有关社会的历史现状与发展趋势，主动加强与社会的联系，特别是努力适应社会主义市场经济的客观需要，实现高等教育与科研、生产的结合或联合，真正做到“产、学、研”一体化。

5. 高效性原则

任何管理活动其基本目的就是为了提高组织系统的效益和效率。管理效益、效率是与管理目标联系在一起的。管理效益的大小、效率的高低就是在消耗一定的人力、物力、财力和时间等资源的条件下实现管理目标的程度。高等教育是一项巨大的系统工程，保持高等教育各个子系统之间和子系统与整体之间的高效益，是高等教育管理的中心任务。高等教育管理效益受多方面因素的影响：①高等教育管理的目标是否正确；②高等教育结构是否合理；③高等教育管理体制及运行机制是否健全和完善；④高等教育管理人员的素质能否适应复杂的、要求日益提高的管理工作的要求。贯彻高等教育管理高效性原则必须做到以下方面。

（1）树立效益、效率观念，促进高等教育积极、主动、全面适应市场经济发展的需要。高校可以引入市场竞争机制，通过定期对高等学校办学水平的合格评估和选优评估，把办学、科研经费同培养人才和提供科研成果的实力、质量挂起钩来，以加快高等教育的发展步伐。

（2）开源节流，科学理财。为保证教学科研质量的提高，高等学校要利用学校的优势和特长，多渠道筹集教育经费，充分发挥广大教职员工的潜能。国家的高等教育拨款既要考虑公平原则，也要考虑到高校的办学效益。教育行政经费和基建经费的使用和管理要讲究成本核算，投入与产出的比例要适当，经费使用必须严格执行财务制度，提高效益，减少浪费。

（3）深化改革，提高管理效率。改革高等教育的领导体制和高等学校的内部管理体制，因地制宜，简政放权，定编定员，加强人才的国际和国内交流，健全各种岗位责任制，强化检查考核工作，逐步建立和健全信息中心和咨询参谋机构，加强调查和预测等工作，使学校重大问题的决策建立在科学的基础上。不断提高人力、物力、财力、时间和信息等的利用率，提高培养高级专门人才的质量。与此同时，挖掘高校潜力，扩大其为社会服务，为经济、生产服务的能力，以创造更多的经济效益和社会效益。

6. 动态性原则

变化是教育管理的基本特征之一，高等教育的变化，主要包括三个方面。①高等教育管理对象的变化。高等教育的管理对象主要是人，如高等学校的师生员工，是比较复杂的自变量，还包括财、物、时间、信息等要素。构成管理对象的诸要素，不仅其自身都在发生变化，而且各要素之间的相互关系也在不断地发生变化。②高等教育管理理论、方法和手段的变化。随着科学技术的迅速发展，出现了学科之间的相互交叉和渗透。现代科学的某些原理、方法和手段正不断地被引入高等教育管理领域，使高等教育的管理日益走向科学化。近年来，系统论、控制论、信息论等基本理论和方法以及电子计算机技术正在高等教育管理中不断得到利用。这样的变化，必然导致高等教育管理理论、方法和手段的发展变化，以便更好地适应我国高等教育事业发展的需要。③基础教育层次的变化。高等教育的不断变化，直接影响着基础教育层次系统。而基础教育层次系统的不断变化，也造成高等教育系统外部条件的不断变化。高等教育与中等教育之间存在着如何更好地衔接的问题。作为比高等教育低一级层次系统的中等教育目前也正进行改革，高等教育的基础也就发生了变化，那么高等教育及其管理也必须及时地做出相应的调整和改革。

（1）高等教育管理动态性原则的依据。

第一，权变理论。管理既是一门科学，同时也是一项艺术和技术，既要按规律办事，遵循科学管理理论，也要从实际出发，根据客观实际的需要和变化，利用灵活多样的方式方法，实行动态管理。

第二，教育的基本规律。根据教育的基本规律，高等教育的发展离不开系统内部各子系统的高效运作及其各种关系的协调。高等教育各子系统及其关系也是经常变化发展的。高等教育规模的扩大、高等学校经费来源渠道的多样化、信息技术在高校校园的广泛传播，对高等学校的教学、财务、科研等的管理提出了挑战。因此，高等学校管理不能守旧，而必须在改革、创新中不断前进，不断总结新经验，解决新问题。

（2）高等教育管理动态性原则的保持。就高等教育管理而言，保持其管理原则的动态性需要从以下方面着手。

第一，提高管理者的动态管理意识和能力。面对高等教育管理的不断发展变化，管理者应该具有敏感性、预见性和控制能力，以便根据可能发生的各种变化情况，做出相应的调节，控制整个系统，实行有效的动态管理，以实现总体目标。原则是人们对客观规律的主观反映，而这个主观反映还不能说是完全的，因为人们的主观认识还在不断深化，所以高等教育管理动态性原则也会不断有新的发展。

第二，保持管理工作的相对稳定。管理工作的开展，管理质量的提高，都要求有一个稳定和连贯的过程，以利于管理经验的积累和管理方法的创新。稳定性强调要保持过去的一些好传统，保留在高等教育目标、高等教育计划和高等教育管理制度等方面过去已经证明是好的做法和措施。

第三，建立和健全高等教育适时动态管理机制。事物的发展总是从量变到质变。由于量变的幅度比较小，也由于高等教育发展量化的复杂性，如果不仔细长时间地及时观察和研究，就很难觉察这种变化。所以，在高等教育管理中，应该建立一种全面的、高效的动态管理机制，督促和激励管理者经常、系统地做深入的调查研究。同时，在高等学校设立校长教育发展顾问经济发展顾问、学科顾问，设立发展与改革办公室，使高等学校的管理者尤其是领导者既可以了解和监控社会的经济、政治、科技文化等方面的发展变化，又能掌握和监控高等教育自身的变化，并且对高等教育管理主客观因素的变化做到心中有数。在这种机制的运作下，管理者可以及时获取反馈信息，对高等教育或高等学校的发展做出准确的判断和决策，采取有效的措施来解决问题。

（二）教育管理的具体方法

教育管理方法是以管理原则作为有效依据，为保证学生培养目标的实现在具体管理环节运用的所有方法、步骤、途径、手段等，通常情况下有以下四种。

第一，调查研究。通过经常性的调查，掌握和了解学生的实际情况，有效选取针对性强的处理方法。在调查研究过程当中，一定要针对调查对象、目的、方法等内容，做好科学规划，不可敷衍了事。调查过程当中，必须做到实事求是，注重综合性的研究，分析调查材料与调查事务。

第二，建立规章制度。在高校学生管理发展的建设当中，应该逐步建立科学化的管理制度体系，这是确保学生管理工作有据可循的基础。制度建设一定要与高校学生身心特征相符，同时要与整个教育规律和学生管理目标相适应。与此同时，制度要伴随教育改革与进步，持续不断地进行健全，与此同时要维持相对稳定性。

第三，实施行政权限。结合学生管理目标、内容等制定规章制度与相关的行为规范，利用行政方法实施有效管理，通过有关管理部门与师生、员工共同监督检查的方式，促使学生集体或个人与管理目标相符。行政方法通常有惩治和褒扬两种。在具体的管理过程当中，针对能够认真遵守相关管理制度、思想行为都与制定规范相符的个人与集体，应该大力褒扬赞赏。

第四，适当运用经济手段。经济手段实际上是行政方法的一个补充策略。在具体的教育管理环节，给予必要的物质奖励，或者是物质上的惩罚，指的就是经济手段。选用经济手段并不表明行政方法难以确保管理工作的有效实施，是因为经济手段会直接触及学生物质利益，所以能够发挥极大的作用，而这个作用是行政方法无法代替的。

第五，行政方法。行政方法是依靠各级高等教育行政机构，采用行政命令、决定、政策、指示或下达任务等手段直接管理高等教育，它是我国高等教育管理中最普遍的一种方法。行政方法具有直接权威性，它能起到“令行禁止”的作用，效果非常显著。审批高等学校的设置程序、制订和实施高等教育招生计划就是一种行政管理方法。在使用行政方法时，要克服主观唯心、脱离实际的不足，使之符合高等教育发展的客观规律。

第六，思想教育法。思想教育方法主要通过广泛深入、形式多样的思想工作，调动广大高等教育工作者的积极性、主动性、创造性，从而推动高等教育事业不断向前发展。思想教育的方法，具有潜移默化、春风化雨的感化功能，可以培养人的远大理想、高尚的品德和情操。这种方法掌握的难度相当大，但是如果利用得当，将会产生非常深远的影响。

第七，经济方法。随着高等教育发展规模的日益扩大，国家、社会、个人对高等教育的投资不断增加，经济方法在高等教育管理中发挥着越来越重要的作用。目前我国高等教育中推行的“跨世纪重点大学建设项目”“高等学校文科基地建设”“长江学者计划”，各高校“特聘教授”“师范教育基金”“核定收支，定额或者定项补助，超支不补，节余留用”的高等学校预算管理模式等，就是经济方法在高等教育管理中的具体利用。

第八，咨询法。在行政决策之前，充分发挥专职、兼职高等教育研究人员的参谋咨询作用，通过在理论上对高等教育实际问题的探讨，分析比较，提出较为科学的行动方案，为行政决策提供可行性依据。国家在制订高等教育发展计划、改革高等教育管理体制、设置高等学校专业等方面就采取了咨询的方法，吸收了部分专家的意见和研究成果，使高等教育管理更具科学性和艺术性，更富有成效。

总而言之，高等教育管理方法是蕴含着许多现代管理科学理论方法的因素。在高等教育管理过程中，应该充分发挥常用方法的优势，坚持科学的方法论，采取多种途径，调动一切积极因素，以推动高等教育的发展。

二、教育管理的内容体系

（一）教育管理中的教学内容

做好教学管理，提升管理质量，其核心在于管理者清楚地知道要管的内容、重点管的内容以及如何能够管理好。教学管理本身是一个整体，教学管理内容体系从多元化角度出发进行体系框架的表现。就教学管理、业务科学体系而言，可以归纳为四项，分别是教学计划、教学运行、教学质量管理与评价、教学基本建设管理。如果将教学管理职能作为划分标准的话，包含控制协调、评估激励、研究创新、决策规划、组织指导。从教学管理层次与高度层面上进行分析，涵盖教学改革、教学建设与日常管理方面。

1. 教学计划管理

高校为实现提高办学水平的目标，提出并制订人才培养计划，该计划反映如今社会对高级应用型人才的总期望和总要求。因此，此计划落实期间，各大高校明确人才培养的标准及原则，按照国家发布的核心文件的要求开展相关教学活动，建构合理的教学理论体系。教育部指导各大高校的课程编写专家完成高校教学计划的制订，此计划与各个学校的学情相匹配，所以每个学校拥有很高的自主权。

高校教学计划在确定之后必须全面贯彻落实，管理核心在于合理设计人才培养蓝图，要求学校在企业中注入极大精力，尤其是在获知新的教育观点、教学内容、培养模式等方面开展基本调查研究。需要让学校本学科专业的学术教学带头人、骨干教师先进行课程结构体系的研究。只有保证课程结构体系的优化与全面，将人才培养的总体规划进行有效定位，才能够为优秀毕业生的培育奠定坚实基础。其中特别要注意的是，在制订了教学计划后，必须严格贯彻。

2. 教学运行管理

高校教学运行管理随着新的课程体系的构建也在不断革新发展，在逐步完善中才能成为高校教学活动有序开展的有力保障。高校教学运行管理在某种意义上是指协助教学工作开展的行政管理。高校教学有两个组织，分别是教师指导学生获取知识以及学生借助教学活动的相关手段提升自主能力。高校在教学管理方面有三个特征：首先，高校学生的学习以探究为主，体现出极大的自主性；其次，高校学科教学扎根专业教育的土壤，以学科化教学为主；最后，高校课程教学的体系在不断完善发展，着重统筹各学科知识。以这些特征作为重要根据，教学过程组织管理，特别要做好课程大纲的设置；设计组织管理内容、程序、规范要求等，以便对教学过程进行检验。

3. 教学行政管理

教学行政管理是学校、二级学院、教学系部等教学管理部门结合教育规律与学校规章行使管理方面的职权，对教学活动与有关辅助工作实施科学化组织、指挥、协调调度，确保教学稳定持续运转的协调过程。

4. 教学质量管理

教学质量这个概念具有很强的综合性，判断教学质量水平指标应涵盖教学、学习与管理质量的综合性指标，才能够得到客观准确的评估。高校教学质量是不断渐进累积的产物，是动态与静态管理整合形成的，所以要关注动态与过程管理，实现过程与结果的统一。革新教育思想，提升教学水平，是做好教学质量管理的基础前提，要做好质量监控，设计全程质量管理，构建与学校相适应的质量监控体系与运行机制，必须先对质量监控概念、要素、组织体系等进行梳理，认真研究质量监控与保障的全部有关问题。高校要积极构建围绕核心、科学化与可操作性强的质量管理模式。

（二）教育管理中的管理内容

1. 财务管理

高等学校的财务管理主要任务在于如何用好学校的各项资金，以及如何开发有关财力资源，也就是如何筹集学校的办学资金。在不同的社会条件、不同的高等教育管理体制下，不同高等学校的办学经费筹措渠道是各不相同的。现代高等学校，由于办学规模的日益扩大，都呈现出一种多元化的趋势。在市场经济体制下，这种特点更为明显。由于国家对高等教育投入政策的变化，如高等学校学生上学缴费制度的逐步推行，许多高等学校的办学经费中，国家拨款所占比重也逐步下降，从其他渠道获得的经费比重则不断上升。但是，教育不同于其他营利性单位，它以传授知识、创造知识、传承文明和文化为己任，国家为了自己的文化传统，为了国家的前途和未来，则有义务承担起教育的费用。从世界范围来看，各国大学的办学经费都是以国家投入为主。

我国高等学校中的资金，一般可分为预算内资金和预算外资金。预算内资金是国家和地方财政预算中对高等学校的拨款，一般也称教育事业费，其支出一般分为人员经费、公用经费、其他经费；预算外资金是根据国家财政制度由学校自行筹集、自行安排的资金，它主要包括：①科技三项费用，即以国家拨款形式下达的新产品试制费、中间试验费和重要科学研究补助费，科技三项费用属于专项资金，专款专用，学校一般不应该收取管理费；②代管科研经费。国家相关的部门委托学校从事某项科研任务而拨入的经费，一般由课题组使用和分课题结算，学校可从中提取一定管理费，以代管科研经费购置的仪器设备，一般应列入学校固定资产，归学校所有；③学校基金，这是我国高等学校财务管理中为积累学校发展资金专门设立的一种特定的资金项目，目前实际纳入其内的主要是从学校一切“创收”性活动而得到的由学校所支配的资金；④校办企业资金，用于校办企业维持生产及扩大再生产的资金；⑤特种基金，包括学校管理的教职工宿舍租金收入、接受捐赠收入以及其他有关收入。

2. 物资管理

（1）校园的建设和管理。校园的建设和管理是学校办学在财力和物力资源配置上最基本的工作，也是学校建设与发展中关键性的基础工作。学校基础设施建设是指固定资产的投入，是学校办学所需各种固定设施的建设，包括各种教学、科研、办公用房和有关生活服务用房与体育运动场的建筑，以及在一定限额以上教学设备的添置与安装。

第一，高等学校校址的选择。一般而言，校园的选址要考虑经济地理方面的因素；自然环境方面的因素；有关基础设施方面的因素（交通、给排水、燃料）；区域或城市建设规划的因素；投入条件方面的因素，包括选址处征用土地的价格、征地费用、总的建设费用与实际上可能获得的投入等。对现有高等学校的扩建而言，还要考虑到扩建校区与现有校区之间的联系因素，包括扩建校区在空间位置上的距离，扩建后对学校教学活动、组织结构、日常运行费用、整体办学效益等方面的影响。

第二，校园基本建设的总体布局。校园总体布局是根据学校办学活动的需要和校园地区一定的地形、地貌特点，在学校园区的平面和空间上科学、合理地布设各种有关建筑物和各类设施所形成的建筑格局。在校园总体布局上，一般都应考虑到实用性、审美性和经济性等方面的要素。在校园基本建设总体布局上，不可忽视的还有校园建筑风格的问题。随着时代的变化，在学校的不断发展和扩建中，许多高等学校的建筑风格已与当初迥然不同。特别近年来，高层建筑在校园内日益增加；校园建筑在形体上从原来的讲究稳健厚重而转向追求高耸挺拔，在造型上从原来的注重古朴典雅而转向追求鲜明突出的个性，在轮廓线条上日益追求简洁明快，在色彩上则日益追求亮丽清新。

校园管理包含两重意义：一重意义是作为某种固定资产形态的校园；另一重意义则是作为师生的某种活动场所的校园。具体而言，校园管理包括两方面。①高等学校的校产管理。校产即学校拥有的财产，包括学校所有和由学校合法占有和使用的财产。从其存在形态上而言，可分为不动产和动产，也可称固定资产或流动资产。一般所说的高等学校的校产管理，主要指对学校固定资产的管理。②高等学校的校园环境管理。高等学校的校园环境管理，可以包括多方面的工作，这里重点探讨一下校园绿化和教室环境卫生的管理。校园绿化是校园环境管理中的一项重要工作。绿化不仅起着防风防尘、减低噪声、净化空气、监测污染、改善小气候等作用，也起着烘托校舍、美化校园的作用。教室的环境卫生不仅局限于教室环境的清洁卫生，而应从教室环境的各个方面对学生健康的影响来考察。因而，教室的环境卫生要求，实际上还应包括对教室建筑结构的卫生要求，对教室内各种教学设施的卫生要求，以及对教室环境噪声的卫生要求。

（2）学校图书馆的管理。高等学校图书馆是为教学科研服务的学术机构。因为学术性工作可以包括两个方面：一方面，是对新知识的发现；另一方面，是对已有知识进行的整理。而图书馆的工作就是对人类已有的知识进行收集、整理而使之系统化和广泛、充分地得到传递、扩散的工作。

第一，高等学校图书馆的工作任务是：采集各种与学校各学科的教学、科研有较大相关性的文献资料，进行科学的加工整理和分类编目；通过各种形式的图书借阅服务，丰富和增进师生的知识；开展信息咨询和情报服务活动，使文献情报资源得到充分开发和利用；统筹和协调全校的图书馆工作；开展有关学术研究和学术交流工作。

第二，高等学校图书馆的藏书建设和读者服务工作。图书馆的藏书建设和读者服务工作是图书馆管理中的两项最基本的工作，藏书建设是读者服务工作的重要基础和前提，而读者服务工作是藏书建设的最终目的。藏书建设主要做好图书采购、图书分类、图书保管等方面工作。要做好图书馆的读者服务工作，应该充分向读者开放藏书，建立完整的读者服务体系，开展对图书借阅工作的计量化管理，促进服务质量和水平的不断提高。

第三，高等学校图书馆的现代化建设。新的信息不断涌现的“信息爆炸”和信息传播、处理的技术手段不断更新的“信息革命”，迫使图书馆的现代化建设日益成为图书馆管理的一项紧迫工作。图书馆的现代化，关键是文献资料储存、传播手段的现代化，也反映在大量现代技术在图书馆日常工作中的应用上，如声像技术的应用、防盗监测设备的应用、书刊的保护等。

（3）学校实验室的管理。高等学校的实验室是组织实验教学和进行科学研究的重要场所。从功能上可分为教学实验室、科研实验室、公共实验室等三种类型。教学实验室即主要提供实验教学用的实验室，它所开设的实验有观察实验、操作实验、分析实验和设计实验。科研实验室即主要提供科学研究活动使用的实验室，它对实验方法的要求更为严密，实验设备和实验手段也较为先进。公共服务实验室是为教学科研或其他方面提供如科学检测、计算、计量等服务的实验室，如学校中的分析测试中心、计算中心等。在我国高等学校中，还有一批国家重点实验室，它的任务是从事某一学科前沿领域的研究。

高等学校实验室的管理，先是高等学校实验室的设置。高等学校实验室的设置，首先，要有利于加强实验教学，充分考虑各方面的教学实验需要，包括基础课实验、专业基础课实验、专业课实验等方面的需要，各学科和不同层次学生的实验教学需要；其次，有利于增强科研实验能力和提高实验技术水平，有利于全校的学科建设，特别是重点学科建设；最后，要有利于提高仪器设备的使用效率。所以，教学、科研、公共服务实验室的设置应有统一规划，以有利于集中有关教学力量，也避免机构重复设置和设备重复购置。

高等学校实验室的管理还有实验室仪器设备的管理要注意以下三点。①仪器设备的购置，这也涉及实验室的物质基础建设。在实验室仪器设备的购置上，不能忽视经济上的合理性和可能性，即要考虑分析仪器设备的价格是否适当、学校财力上能否支撑、投入的经济效益可能如何。总而言之，学校要求购置的仪器设备应满足需要、技术先进、投入合理。②仪器设备的保养和维修。为了保持仪器设备良好的技术性能，延长其使用寿命，就必须注意其日常保养。③仪器设备的利用。实验室仪器设备的充分利用是提高实验室投资效益的关键工作。一方面，在实验室工作中必须增强服务意识、开放意识、联合意识，扩大实验室的服务面，加强实验室与有关用户之间的联系和协作，使实验室能更好地面向全校以至社会开放；另一方面，则要注意加强对这方面有关指标的量化考核，以此促进实验室仪器设备利用率和投资效益的不断提高。

第四节　大数据时代下教育管理的机遇与挑战

“在大数据时代到来的今天，加强对教育模式的创新和变革，不仅是适应时代发展的需要，而且也是促进我国教育管理水平不断提升和优化的重要技术。”① 大数据时代的来临实现了数据信息共享，为社会迎来科技革命。当前，大数据在我国教育领域被广泛运用，并且得到了高度重视，特别是教育部门出台了关于推动大数据发展的各类文件，为大数据在教育领域的应用和发展提供了推动力。因此，在教育管理工作中，应积极引入大数据技术，突破传统教育管理的诸多局限，实现教育管理现代化发展。

大数据这一词语是由美国未来学家阿尔文·托夫勒（Alvin Toffler）提出的。新时代发展背景下，大数据被广泛渗透于各行各业，目前也是企业和社会发展不可缺少的重要生产要素之一。大数据的运用给生产率的增长和消费者盈余带来重要影响。通过大数据分析，能够及时了解社会发展情况和现状。现阶段，大数据的特点主要包括：①数据规模庞大，由于大数据内部的数据来源和载体存在渠道广泛等特征，其具有的数据规模同样庞大；②类型多样化，数据主要结合数据信息编制内部的格式和编码，进而使其类型更加丰富；③产生速度极快，大数据包含多种信息，增长速度较快，且人们在信息传递和应用中可以充分使用科学技术、互联网技术，同时人们的储存数据习惯也会被云储存改变，可以及时掌握需要的信息和内容。

---

①　侯艳红：《大数据时代下教育管理模式的变革刍议》，载《求知导刊》2018 年第 1 期，第 141 页。

一、大数据时代下教育管理的机遇

（一）有利于增强教育管理决策的科学性

大数据时代，科学决策是实现教育管理现代化的前提。教育管理工作者在采集和利用大数据信息的过程中，须结合国内外数据信息资源，为教育决策提供科学依据，促使教育管理决策与高校实际情况相契合。教育管理者在分析海量数据信息的过程中，能够了解当前国内外教育的最新动态，继而获得丰富的信息资源，为解决高校现有教育问题提供调查依据和样本。因此，大数据时代背景下，教育管理者应抓住发展机遇，通过筛选和利用海量的大数据信息，提高教育管理决策的科学性，推动教育管理现代化发展。

（二）有利于推进教育管理工作的精准化

大数据时代衍生了大量的数据信息资源，且数据信息能够实时更新和快速传播，推动了当代社会的发展。一方面，教育管理者能够借助数据信息资源，深入分析学生的活动特点和规律，了解教师的教学实际情况，继而掌握当前教育现状以及存在的不足，推动教学改革，实现教育管理的创新发展。在教育管理部门设置任务目标的过程中，可以借助大数据分析技术，了解学生专业背景的差异以及不同学科的知识结构，打造符合当代大学生发展实际的教育管理模式，实现精准教育。另一方面，网络的开放性为教师和学生参与教育管理工作提供了良好平台，调动了师生参与教育管理工作的积极性和主动性。并且大数据可以储存在云端，实现实时共享和更新，简化了教育管理工作者的管理流程，提高了管理的专业化和规范化水平。

（三）有利于实现教育管理主体的多元化

通过海量的数据信息以及大数据平台提供的教育管理载体，使更多社会成员能够参与高校教育管理工作，利用各类资源信息展开交流。同时，各类数据信息在大数据平台共享，提高了数据信息的利用效率，打造出更加开放化和协同化的教育管理模式。在实现教育管理主体多元化发展过程中，可以提升高校、教师、学生之间的互动交流效果，高校各人员均能够参与多元化的教学管理工作，如后勤管理人员、寝室管理人员、食堂管理人员等，通过各主体协调、沟通的形式，真正落实现代化管理工作。在教育管理各主体交流和互动过程中，也能及时发现高校管理存在的不足，及时解决问题，真正发挥大数据时代的相关优势和作用，从而形成一体化的校园管理氛围和环境。

二、大数据时代下教育管理的挑战

（一）数据挖掘整理难度相对较大

由于大数据涵盖的数据信息内容体积、结构和类型存在较大差异，决定了大数据的复杂性特征，但在大数据时代背景下，高校教育管理现代化发展的过程中，如何有效处理大数据信息、并有效运用于教育管理是当前面对的巨大挑战。一方面，大数据类型相对复杂，数据资源呈爆发式增长，且数据信息参差不齐，如何有效整合与挖掘不同类型的数据信息，对扩充大数据资源库而言难度较大；另一方面，大数据结构具有复杂性，非结构化是大数据结构的主要特征，由于数据信息中包含的诸多内容，对教育管理并无价值，因此如何整理这些杂乱无章的数据信息，挖掘数据信息的内在价值并加以运用，是教育管理现代化的重大挑战。

（二）数据筛选利用难度相对较高

大数据时代虽然信息呈爆发式增长，但加剧了数据信息的不确定性，为高校教育管理应用数据信息带来了较大难度。由于数据信息存在不确定性，所以在数据资源的处理以及分析过程中需要运用现代化技术，对海量数据信息进行价值挖掘和整合。特别是在数据信息筛选过程中，由于其中包含诸多良莠不齐的信息，导致教育管理工作者筛选数据难度较大，且信息的可用性相对较低。在数据筛选过程中，学生接触到的信息也参差不齐。如果学生缺乏鉴别能力，则容易提升数据风险，给学生的信息安全和教育管理带来不利影响。

（三）信息安全以及隐私具有风险

大数据信息不仅具有多样性和复杂性特点，同时体现出低密性，导致数据信息容易发生泄露。同时在大数据资源库使用过程中，人员的技术操作也会造成信息泄露。首先，高校在储存大数据信息过程中，教育管理工作者需要采集信息数据，并将其纳入资源库集中储存，此过程容易发生数据安全隐患。其次，高校大数据人才匮乏，面对复杂多样的数据信息和专业化的数据库，缺少专门的人才负责数据开发与管理，资源库中包含大量高校师生的隐私信息，面临巨大的安全风险问题。

教育管理现代化发展中，高校教育现代化管理信息也面临着被挖掘、窃取的风险，给其信息安全和隐私管理等工作带来风险。在大数据时代下，各部门需要做好信息交流和沟通等工作；反之，如果各岗位之间缺乏沟通和交流，则容易给教育信息管理工作带来不利影响，降低其实际效果，难以有针对性地提升信息安全管理水平和效率，造成隐私泄露等情况发生。

第二章　大数据时代下的高校学生管理信息化

第一节　高校学生管理及其信息化重构

一、高校学生管理工作的内容

学生是高等学校培养教育的对象，加强对学生的管理是高等学校的根本任务，也是培养学生成才、提高教学质量和实现办学目标的重要手段。高校学生管理是高校对学生工作的综合管理。在高等学校整个教育过程和管理系统中，学生既是受教育者，又是学习的主体；既是学校工作的主要服务对象，又是参与学校管理的活跃力量。学生在高校中的这种特殊地位，决定了高校学生管理的特殊性和复杂性。高校学生管理的实质是，运用教育管理科学的知识和手段，指导与管理学生直接有关的各个部门的工作；综合协调各部门的学生工作，形成和谐的学校学生管理系统，并对系统实施控制、分析、评价、调整，以高效地实现高校的教育目标。这也是高校学生管理的根本目的和指导思想。

学生的全面发展和健康成长离不开德智体等各方面的教育。高校的各个部门都担负着一定的对学生进行教育、服务和管理的职责。所以，高校学生工作的科学管理水平反映了整个学校的管理和教育水平，体现了整个学校的管理和教育工作的效果。高校的中心工作是为培养学生成才服务，学生管理的核心是要为学生成才提供良好的环境和条件。高校在对学生的管理过程中，要针对学生的特点，健全制度、制定规章、严格管理、积极疏导，依靠学生自我管理、系统教育，充分发挥学生的主体作用，促进学生德、智、体全面发展。

（一）学生的学习管理工作

对学生的学习活动实施有效的管理，是高校实现培养目标的重要保证，是学生管理的重要内容。学生的学习过程是高校教学过程的一个重要方面，要提高教学效果，必须加强对每个学习环节的有效管理及控制。学生的学习环节的有效管理及控制的具体内容有以下方面。

第一，预习管理。预习是学生根据教师指定的学习范围，在课前通过自学教材和参考书籍为听课做好准备，奠定基础的环节。预习是学习的第一步，凡是学习新课程一般都应该先进行预习再听课。做好课前预习，可以引导学生的自主思维，提高学生学习的主动性和目的性，培养学生独立思考、分析问题的能力和自学能力，加深对教学内容的理解和记忆，提高学习效率和教学效果。加强对学生预习活动的指导和控制，是做好预习的重要条件。首先，指导学生善于预习、学会科学的读书方法；其次，激发学生的预习兴趣，引导学生体会预习的乐趣和效果，发现问题，激励学生通过自己的课前钻研，主动地探求知识；最后，教育学生坚持预习，养成习惯，防止流于形式，对学生专业知识的学习和能力的提高会产生很大的促进作用。

第二，听课管理。课堂听课是学生获得知识最主要的途径，是学生学习最主要的形式。在教学过程中，学生是学习的主体，一切教学措施最终都必须通过学生的学习活动体现其成效。任何人都无法以任何方式代替学生的学习认识活动。基于这个认识，学生听好课堂讲授是关系到学业成绩优劣的中心环节。对听课过程实施有效的控制，提高听课效果，首先，要求学生必须“四要”，即眼要看，耳要听，手要写，心要想，“眼、耳、手、脑”并用；教师应尽可能地采用多种教学手段，发挥多种传播媒介的综合效应，使学生对学习材料进行丰富、生动具体的感知，达到深刻、全面认识事物的目的。其次，师生要恰当地处理好听课与做课堂笔记的辩证关系。学生在听课时做好课堂笔记，可以加深对知识的理解，提高听课的效果。听好课是做好笔记的基础和前提。教师应该指导学生做笔记学会抓“重、难、详、略”，对重点、难点和没有听懂的问题，做详细记录，以便课后进一步学习和钻研。最后，学生要保持良好的课堂纪律、充沛的精力，课前不应做剧烈运动，要提前做好课堂准备，保持安静、严肃的课堂气氛，课堂上要保持灵敏的思维、高昂的情绪，思维活动要和教师讲授同步进行，注意张弛相济，提高思维效能。

第三，复习管理。复习是重新识记学习、记忆过的材料，使之巩固并达到记住的目的的过程。其生理机制是，通过对暂时神经联系的不断强化，使它的痕迹得到进一步的巩固和保持。从认识论的角度来看，人对客观事物的正确认识，通常需要经过多次反复才能逐渐完成。人们所学的知识和技能，只有通过不断地复习才能得到巩固和熟练。对学生的复习进行有效的控制和指导，首先，必须使学生恰当地掌握复习时机，做到及时复习。根据记忆遗忘规律，记忆的持久度与两次复习之间的间隔长短有关，一般是先快后慢。因此，应该加强学生的及时复习。其次，要做到经常复习。根据学生学习的需要、知识的难易度及掌握程度，可以采取分散复习、集中复习、整体复习和部分复习等多种形式，指导学生经常复习教学内容等知识。最后，教师通过课堂讲授，引导学生温故知新，运用已经学过的知识去思考和理解新的概念和知识，同时进一步复习和巩固旧有知识。

第四，讨论管理。讨论是教学过程中学生在教师的指导下围绕某一中心问题交流思想、互相启发、认识和解决问题的一种方法。通过讨论，可以发挥集体的智慧，开阔思路，互相学习，取长补短；锻炼学生的思维能力和表达能力，活跃思想，激发学生的学习兴趣和动力；促进学生对所学知识的巩固、消化、理解、提取及其运用；培养学生勤于思考、虚心好学的风气和习惯，帮助学生树立坚持真理、修正错误的精神、意识。讨论是学生深入掌握专业知识的重要环节。为了使讨论深入、生动活泼、富有成效，防止流于形式，必须加强对讨论的控制和指导：首先，在讨论前，应明确讨论题目和方法，指导学生编好发言提纲，有针对性地搜集资料和调查研究，为讨论做好充分准备；其次，讨论中要确定中心发言人，围绕中心议题开展讨论，鼓励学习较差和不善辞令的学生多发言；最后，引导学生联系实际，持之有据，言之成理，以理服人。教师应要求学生对讨论做总结和归纳，简要概括讨论的中心内容和主要观点、焦点以及有待继续探讨的问题。

第五，毕业论文（设计）与社会实践管理。学生毕业论文（设计）是在教师指导下的学习过程和活动，其目的是为了检验、提高学生发现、分析、解决理论问题的综合能力，巩固学习成果。毕业论文（设计）的撰写是一项复杂的脑力劳动，对学生的知识储备和能力要求较高。因此，除了将论文写作的时间放在期末并保证足够的时间以外，还必须指定教师做专门指导，包括选题、研究方法、论文资料的收集以及研究内容的指导等。教师对学生毕业论文的指导，应该着重其研究方法和初步研究能力的培养，充分发挥学生的主观能动性和创造性。另外，社会实践活动既是学生思想政治教育的一个有效手段，也是学生学习活动的一个重要环节和方法。对学生社会实践活动的管理主要着重于组织和引导学生运用所学专业知识解决社会实践问题，为广大人民群众解决生产和生活问题。对此类活动，管理部门主要任务是加强指导、大力支持，保持社会实践活动与课堂学习等其他教育活动的协调进行。

（二）学生的生活管理工作

高校学生的生活管理，主要对学生的学习、课堂之外的物质与精神生活的管理，包括学生的宿舍与食堂管理、学生课外活动的管理等。

1. 学生宿舍与食堂管理

学生宿舍是学生休息、生活的场所，也是学习的场所。学生在宿舍里相互交谈，信息量大，内容丰富，相互影响。因此，学生宿舍的管理对学生身心发展、思想情操的陶冶、学业的进步等起着十分重要的作用，应予以足够的重视。

高校要设置专门机构如宿舍管理科（室）、学生公寓管理中心，安排专人统一管理全校学生宿舍的设施、物品、安全保卫、清扫卫生和环境美化等，领导和监督宿舍管理员（传达员）和清扫员的工作。对高校学生宿舍的管理可采取物业管理和勤工俭学相结合，专职人员和学生相结合共同管理。组织学生参与学生宿舍、学生公寓的管理，既锻炼了学生的自我管理能力和劳动意识，又为部分学生尤其是贫困生解决了学习的后顾之忧，促进学生学习质量的提高。学生宿舍管理的中心内容是卫生和纪律秩序，具体包括宿舍的卫生整洁情况、遵守校纪情况、团结友爱情况、学习风气情况等。这些既是高校“文明学生宿舍”的重要衡量标准，也是学生宿舍管理工作持续的根本目标。

学生食堂是学生集中进餐的场所，对学生食堂的管理是高校学生生活管理的首要内容。组织学生参与伙食的民主管理，是办好学生食堂的重要措施和有效手段。设立学生伙食管理委员会并吸收学生参与其中，是对学生伙食实行民主管理的有效形式和途径。没有学生的参与，学生食堂管理的效益、饮食的质量、服务的水平都难以达到为学生服务的最佳状态。

2. 学生课外活动的管理

第一，学生课外活动的行政管理。高校学生课外活动的行政管理的主要任务是为学生课外活动提供优质服务，进行业务指导和宏观调控、协调关系。具体而言，就是开辟活动场所，如文化活动中心、体育运动场馆等，提供勤工助学岗位，这些是学生开展课外活动的基础条件；加强课外活动中对学生成才的指导，引导学生开展丰富健康、有益身心的群体活动；对课外活动的时间、场所、内容、经费等严格把关，宏观调控；协调学校各部门在学生课外活动中的关系，把学生课外活动纳入学校工作计划之中，使学生课外活动落到实处。

第二，学生群众团体、社会团体的自我管理。学生群众团体、社团组织的自我管理是学生课外活动管理的重要内容。发挥学生群众团体、社团组织的自我管理功用，是做好学生群体活动的基础。实现高校学生群众团体、社团组织的自我管理，必须做到：首先，加强校园文化建设，将课堂内外的活动有机结合起来，将教书育人、服务育人、管理育人统一起来，使学生群体组织持久、持续的长远规划，课外活动的时间要充分考虑教学的特点，尽量避开学生学习的紧张时期，开展学生喜闻乐见的活动；其次，加强学生群体组织骨干的选拔、培养工作，使学生群体组织的活动在德才兼备的骨干成员的管理下有声有色，富有成效，并沿着正确的方向不断发展壮大；最后，寓教于乐，寓教育于活动中，使组织者和参加者都在活动中受到潜移默化的教育，充分实现和发挥学生社团等组织的功用。

二、高校学生管理的信息化重构

（一）学生管理工作信息化重构的原则

第一，顶层设计原则。高校管理层必须先要做好顶层的资源分配，让人、财、物能够物尽其用。在此基础上，从整体性出发，考虑整体目标与分项目标的关系，由此构成由上而下的一整套管理体系。

第二，系统性原则。高校管理工作既然是一个系统，不可能一蹴而就，且高校并非一个静态的整体，而是一个动态的整体。因此，要实现对每一个过程和环节的把控，必须一步一个脚印，兼顾现实性、短期性和长期性，不能操之过急。

第三，机密性原则。高校管理的对象是学生，为了使管理达到更好的状态，了解每个学生的必要信息是合理的，也意味着高校需要承担起保护学生信息安全性的责任，要实现这一点，可以通过先进的技术手段，如区块链技术，保障学生信息安全。

第四，信息流动性原则。早期，受限于技术原因，高校内部信息沟通始终不能做到完全畅通，各个部门之间的协调也不到位。对此，高校管理者必须提升自身信息技术管理水平，让信息资源最大限度地实现共享。

第五，开放性原则。在互联网社会，信息数量空前爆炸，信息来源复杂，信息实时性越来越突出。对此，高校必须搭建具有良好兼容性的信息平台，实时掌控各类信息。

（二）学生管理工作信息化重构的方法

“信息时代的到来给高校学生管理工作带来便利的同时也带来了难题。针对目前我国高校学生管理信息化现状，提出必须进行学生管理信息化重构。”①

---

①　杜斐：《高校学生管理信息化现状及重构研究》，载《漯河职业技术学院学报》2015 年第 5 期，第 122 页。

1. 思想理念建设

高校学生管理工作的创新的基础和前提是理念创新。理念是高度凝结的集体式智慧，核心是自主创新能力，既强调外在显性理念，还强调潜在的隐性理念。高校学生管理工作的创新，要让学生管理工作人员都能够与时俱进，及时更新个人理念，形成创新高校学生管理事务、提升管理工作效率的新理念。

2. 业务流程建设

高校的核心重点是为国家培养和输送人才，高校的学生事务是高校的重点业务。新生入学时，从报到注册、学籍资料整理、就业指导、实习支持、心理疏导等工作需要各个部门协同处理。就新生报到流程而言，学校管理部门、学院、学生处、资产处、财务处、保卫处、网络部门等都需要加入迎新工作中。现阶段，高校学生事务的效果直接反映了高校的办学和管理水平，随着高校信息化的建设，学生事务需求越来越多样化，因此，要对高校学生事务的流行性进行简化和创新，以满足学生的特殊需求和时代要求，学生和管理人员工作的匹配度是重点内容。高校信息化的发展需要教学部门、财务部门、安保部门全力合作，以此创新管理办法，从中可以看出高校学术观念管理的信息化本质上是对流程的规范。

3. 组织结构建设

在信息化逐渐普及的背景之下，高校学生管理组织的创新结构能够为其发展提供强有力的支持。管理的信息化并非指在目前基础上加入计算机、多媒体设备或相关的软件，而是应当基于现代高校管理理念不断优化调整高校学生管理各种资源以及环节，进行科学的定位，对信息流程进行合理化设计，从而确保在网络环境当中各种资源传输的及时准确性，能够为各项管理工作提供坚实的基础。所以，高校想要进一步实现学生管理信息化，应当在组织结构所具备的原有基础之上进行进一步的更新设计。

4. 技术支持体系建设

（1）加强硬件设施投入。学生管理工作信息化的硬件设备包括电脑、互联网设备等，学校要加强技术设备和设施的完善。高校学生管理信息化要符合国家的相关法规和科技指标，贯彻“基础网络保障、核心计算功能、应用精神指导、安全性能保障”的思想，时刻关注行业动向，掌握信息化核心技术，进行创新和改革。要鼓励高校管理信息化的模式创新，加强实验和尝试，将校园网络布局为主网络，在网络技术和各种信息化系统的协助下，开拓实用性功能，将办公系统、无限资源、网络环境等进行传递和共享。高校要加强硬件设施的资金投入和技术投入，并且寻求校企合作，全面加强学生管理信息化的水平。

（2）创建“智慧校园”进行管理。数字化校园的到来，将教学和管理工作推进了互联网时代，为高校学生带来了便利性。近年来，世界各国在信息化技术发展的浪潮中都开始高速发展互联网和信息技术，在应用和发展方面改变了人类的生活方式，给各种职业带来了全新的变革。同时，信息化时代带动了智能时代的到来，智能技术在生活中随处可见，智能交通系统、智能电网、智能医疗器械、智慧食品、智慧城市、智慧基础设施等将地球推进了智能化发展时代。

（3）创新学生管理工作的手段。学生的安全工作是高校的核心重点，平安校园的建设是高校目前的工作重点。高校现阶段要考虑的，是如何在不影响学生的正常学习和生活的情况下，保障他们的安全性。现阶段，物联网在高校环境中的应用与日俱增，物联网通过无线数据侦测对事物进行识别和信息收集，并按照预先设定的程序进行处理并反馈给用户。高校的日常管理工作中，如果在教室、公寓、食堂、图书馆等地方布局识别系统，学生的言行都能够被实时监测，并反馈给有关部门。感应系统在公寓的应用作用更大，学生通过一卡通就可以随意进出公寓门禁系统，方便了学生管理和生活。

5. 管理方式建设

（1）适应发展需要，创新管理方式。随着信息化的发展，高校管理模式也要发生变革，才能够符合当代学生管理的新需求，找到管理学生的新形式。高校信息化工作开展之前，要通过专业的信息化小组对项目进行专业管理、目标确认、奖惩执行和系统动力理论，通过结合项目管理的相关理论和实际经验全面管理项目，以期达到项目预期效果。管理需求的更新必然导致信息化项目的改变，需要在流程和结构上进行相对应的更新，在不同的管理形式下需要不同的软硬件设备支持。因此，高校学生信息化管理的前提是要熟练掌握传统的管理模式，并找到与支持设备的匹配处。除此之外，高校管理人员要注重网络的开放性，要从传统手工的方式转化为互联网的形式。高校学生管理人员要加强信息技术知识的学习，创新高校学生管理的新形式和新途径。

（2）充分利用平台，提升精细化程度。精细化主要是在学生管理工作中要做到细致、精准，精益求精，要树立超高标准，要细致入微。要将信息化技术应用到学生管理工作中，推动整体水平的质量，并注重学生的个性发展需求，帮助学生全面发展。工作以学生为中心，注重学生个性的发展和个人的指导，全面提高教育效果。学生管理工作的精细化是一种目标，是一种态度，更是一种形式，是一种精耕细作的操作模式，是对学生的全面培养、对信息化技术的全面应用。高校要充分利用信息化平台的优势来为教育工作提供动力，帮助学生管理工作实现精细化管理和服务。

（3）建设管理队伍，提高人员综合素质。信息化时代下，为了保障高校学生管理的水平、完成人才培养的任务，需要组建专业的高质量信息化管理团队。这个团队的组成人员既要有专业人士，又要有非专业人士，要涉及多领域的人员。首先，队伍除了具备基本的管理理论素质，还应该具备互联网和软件开发等技术水平，同时还要具有创新精神和创造力；其次，工作管理体制要与人才培养的目标相匹配，并能够及时进行调整，要明确流程顺序，分清各部门职能，要加强管理部门的决策能力，发挥管理人员的主观性和积极性；最后，要针对团队成员进行专业的培训，并创建长期的培训机制，发挥团队的特色，广泛涉猎多学科知识，以老成员带动新成员的模式进行培养。让高校管理人员不仅提高自身的互联网技术水平，还能够提高信息的优化组合管理能力，共同保障高校学生管理系统的运行。

（4）增强安全管理，完善信息化保护体系。高校学生管理要重视信息系统的安全性和保密性，这是学生管理工作中的重要内容。首先，要充分考虑各个高校的网络信息安全性，配备与之适应的软硬件设备、安全防护系统等；其次，要设定严格的等级权限制度，根据不同的部门和身份创建不同的职能账号和权限，避免出现交叉重叠的权限设置，要确保所有工作人员管理好账号安全；最后，要出台相关制度和规章维护信息安全性，针对信息泄露等行为制定相应的惩罚制度，保障学生管理系统的安全性能。

6. 信息化平台建设

合格的信息平台要具备以下功能。

（1）学生信息的存储与管理。学生信息管理平台应当详细储存学生的必要信息，如出生年月、健康状况、家庭状况、身份证号码、住址、学习情况、相关成绩等，并提供必要的咨询与查询功能。

（2）综合素质管理模块。包括课堂实践与成绩、课外实践与成绩、校内活动表现情况与获奖情况记录等。

（3）贫困生资助与奖学金发放功能。一个合格的信息管理平台应当同时满足贫困生与优秀生的奖金申报功能，并能够直观地展示出申报流程的推进情况，减少沟通成本。

（4）校园政策与学生反馈模块。学生信息管理平台应当承担起校园政策发布、学生意见反馈的中间角色。一方面，新的措施与政策（如生活措施、奖助措施、教学措施、学分政策、保研政策等）可以在平台上发布，减少误解与误读；另一方面，学生可以在各类校园新闻下进行评论，使学校能够及时掌握学生的想法，并予以反馈。

（三）学生管理工作信息化重构的成效展望

1. 提高学生管理工作效率

高校最主要的任务是为国家和社会培养人才，在人才培养过程中，不仅要重视学生专业知识水平的提高，更要重视学生身心的健康发展，提高学生的整体素质。为贯彻落实这项基础工作，教育工作者需要做大量的辅导工作，深入学生的生活，对他们进行细心指导。要做好这些工作，离不开信息化管理的支持，高效的信息化管理能够让工作进展得更加顺畅。高校工作中有一项非常重要的工作，即对学生进行教育管理，高校开展的关键性工作以及学生基础工作的进行都与这一工作密切相关。

为了使学生管理工作内容更加完善，管理模式更加科学高效，高校需要引进信息化管理模式，并积极运用到学生管理中。信息化管理系统之所以能够让工作开展得更加高效，主要原因是在管理系统方面具有独特性，能够综合处理有关学生的各种信息，然后将信息公布在公共平台上，使每个人都可以轻松查阅到需要的信息。信息化管理系统在信息查阅方面具有突出优势，在很大程度上方便了高校学生管理工作，也促进了高校管理水平的提高。在公共平台上，也可以查阅到与学生或集体有关的各种信息。例如，学生的考试成绩、在校上课情况、在校期间受到的奖励和处罚，还有在某一时期某专业学生上课情况、学生的成绩等情况。

总而言之，信息化管理系统的应用使高校的学生管理工作更加顺利，高校管理人员能够很快地掌握学生所在班级、寝室、专业的各种信息。信息化管理系统中实时更新的数据还可以让学生管理工作更加有针对性，从而提高学生管理工作的效率。

2. 实现学生管理资源共享

随着高校快速发展、招生规模不断扩大，高校学生管理工作的难度越来越大。因此，对学生管理资源进行共享，可以提高高校学生管理工作效率。高校学生管理系统信息化建设要打破传统的多头管理模式，以学校整体发展为出发点，制订长远规划，建立统一的建设标准。统一购置软硬件设备，既节约资金，又避免资源浪费。管理人员的专业技能和整体素质决定信息化管理是否能够得到实现，为此，高校需要提升管理人员的整体素质，针对不同岗位的工作人员进行专业培训（如计算机基本操作、软件使用、故障处理、数据整理、业务知识等）。根据工作人员的专业背景安排岗位，充分调动工作人员的工作、学习积极性。并且制定岗位标准化工作流程，记录每个工作事项的处理方法，并形成规范化标准，避免因人员调动、岗位变动造成不同的人采用不同的处理方式。总而言之，各高校要不断完善学生管理系统信息共享平台，将高校学生管理工作提升到科学化、高效化、信息化层面，实现具有时代特征的高校学生管理工作。

第二节　高校学生管理信息化的思路

一、高校学生管理中信息化解读

“随着科学技术和信息技术的不断发展，社会的主要生产力被信息革命所代替，因而社会在信息化浪潮的影响中发生了本质性的变革。”①

（一）高校学生管理中信息化的作用

1. 借助信息化发挥高校核心价值观的引领作用

无论是建设灵魂、建设主题、建设精髓还是建设基础，都是相对独立的，虽然通过一定的联系结合形成完整的价值体系，但每个部分都有侧重点，也和其他三个部分相互补充，体现出建设过程中遵循的原则、建设的本质、发展的方向、秉持的精神。

大学培养的是社会主义的建设者和接班人，核心价值观也体现出教育以人为本的要求，借助信息化，可以充分发挥核心价值观的引导作用，实现当代大学生的德育教育，促进当代大学生的健康成长。

在高校开展德育教育的主要目的，是明确大学教育培养目标，即如何培养人才、培养怎样的人才。通过大数据平台以及各种新媒体渠道，可以有效传播正确价值观，引导大学生了解正确价值观的意义，进而将正确价值观内化为大学生的人生追求。换言之，对于大学生的培养，必须坚持以正确价值观为基础。大数据的研发、新媒体的发展，都是正确价值观建设可以使用的渠道，通过新媒体的使用，激发学生的学习热情，提高教育成效。

2. 运用信息化构建践行核心价值观的有效载体

随着改革开放的深入，外来文化大量涌入，我国文化变得越来越多元；随着大数据研究的日益深入、新媒体的出现，人们的自主意识逐渐觉醒，导致以自我为发展中心的个人

---

① 刘占凯：《信息化背景下高校学生管理创新思路研究》，载《办公自动化》2022 年第 27 卷第 18 期，第 62 页。

主义出现。这些外来因素对于大学生的教育并不乐观，对核心价值观的建设也提出了新的挑战。

大学生是新媒体的主要用户，以新媒体为载体，可以传播和宣扬核心价值观，培育大学生的正确思想，用大学生喜欢、乐于接受的方式进行思想政治教育。在运行媒体时，需要考虑如何发挥新媒体技术的优点培养大学生核心价值观、如何利用大学生对新媒体的热爱传播价值观念信息、如何让大学生快速接受新媒体所传递的信息等，这些是新媒体时代核心价值观传播需要解决的问题。

时代发展必然会对教育产生影响，教育管理也应该紧跟时代发展的步伐。也就是说，在新媒体时代，传统的教育方法已经不适合大学生的成长需求，外界环境的影响导致大学生的价值观念、政治想法、心理健康以及道德素养都发生变化，他们对教育的需求变得更多，而新媒体的出现为教育提供了开放自由的环境，大学生可以接触新媒体，例如，手机、电脑。新媒体作为信息传播的载体，也为教育信息的传递提供了便利。新媒体为教育理念的传播提供了新渠道，以网络为基础开展的教育对话和教育活动交流，对于社会主义核心价值观的传播是有利的，高校还可以通过新媒体了解大学生的思想需求、思想变化，引领正确的舆论导向。

新媒体平台的出现促进大学生教育的针对性，提高了教育效果，原因是网络平台为信息交流提供了虚拟环境，在虚拟环境中有利于真实观点的表达，教育管理者也可以通过网络平台了解学生的真实想法，并且针对大学生的思想进行有效引导，有针对性地提高教育效果。基于大数据技术形成的新媒体网络，为大学生提供了自由进行信息交流的场所，通过新媒体平台发布信息、获取信息，信息的形式更加多元化、更具开放性，新媒体网络形成了自由表达的信息空间。除此之外，新媒体网络用户之间是平等的关系，不同的主体之间可以进行平等的信息传播，每个人都有发出自己声音的权利。

网络信息主体由单一的存在向多元化进行转变，使网络用户的构成更加丰富，涉及社会不同群体、不同阶层，实现所有人群之间的信息传播和信息交流。其中，大学生作为网络使用的主要群体，他们掌握了一定的话语权，在新媒体平台上发出更多的声音。新媒体网络的便利性也带来了一定的负面影响，因为信息传播是平等的，所有人都可以自由地发出声音，导致传播信息的复杂性，在大量信息中不免会有负面信息，也会出现问题与争论。大学生的思想还未真正成熟，在信息选择上可能会出现偏差和失误，有可能受到错误信息的误导。因此，高校在使用新媒体进行教学管理时，必须注意对学生的思维和想法进行有效引导，教会学生如何分辨和运用互联网的信息。在此基础上，学校可以借用互联网的便利开展教育教学。

（二）高校学生管理信息化的必要性

第一，推进管理信息化的必要性，体现在创新可以满足教育的发展需求。随着我国社会快速发展，教育的发展也在逐渐加速。无论是学生生源数量的增多还是学校教育规模的扩张；无论是国家层面教育的改革深化，还是学校内部对学生生活、成绩、管理的人性化，都需要学校提出新的管理方式和工作模式，需要学校进行创新，以应对外界的不断变化。每一次创新都是学校改革的挑战，每一次创新都是对教育需求的满足。

第二，推进管理信息化的必要性，体现在创新可以满足学生管理工作的需求变化。学生管理工作是与学生生活、工作、学习、情感等相关的管理工作，当今大学生生活的社会环境是不断变化的，无论是人们的生活方式、思想观念还是经济文化，都变得异常丰富和多元。在这样的时代背景下，学生的思想以及日常生活学习都受到影响，学生思想变得更加开放，自我意识逐渐苏醒、法律意识得到强化、责任感得到提升，也更愿意表达自我，更加关注自我需求。高校对此必须尊重学生的自我意识，必须适应时代发展潮流，在对学生管理进行不断创新的同时，创新管理理念、手段、模式，只有通过创新才能实现科学有效的管理，才能实现学生价值。对学生管理进行的创新不仅可以满足学生对教育的需求，而且也可以满足教育自身的发展需求。

第三，推进高校学生管理信息化是培养创新人才的需要。随着科学技术的不断发展和进步，要满足社会对人才的需求，必须加大对高校学生的培养力度，培养综合素质足够高的专业化人才。要实现人才培养目标，必须加大教育创新和制度改革，不仅要创新教育管理观念，还要创新人才培养模式。在高校教育中，学生信息化管理工作比较重要，也是培育人的主要方式。

二、高校学生管理信息化的思路拓展

在信息化背景下，大学生发展过程中出现的问题是不确定的，给高校大学生管理带来了新的挑战，传统的说教方式已经无法满足当前的发展需要，我们需要开拓管理思路、创新管理理念。

（一）关注学生的情感教育

教师要加强情感教育，在日常的学习、生活中加强对学生的思想引导和情感沟通。首先，要以人为本，充分尊重学生；其次，教学过程中要注重情感交流，将情感融入教学中，达到教育的目的；再次，要充分尊重学生，以感情因素来打动学生，充分引导学生正向发展，在教育和管理中做好转化；最后，通过情感交流来引导学生的思想，要经常性对学生进行表扬和激励，帮助学生养成高尚的道德情操。所谓情感教育，指在高校日常管理过程中，要充分发挥情感因素的积极作用，做到“情”与“理”有机融合、相辅相成。尤其需要注意以下方面：首先，以人为本，学生是高校学生管理的对象，是具有独立意识和人格的人；其次，以情为基，情感教育的目的在于教育，但要注重寓情于教的方法导入；再次，因势利导，开展情感教育的前提是尊重学生的个体化和独立性，因材施教；最后，以情激情，重视情感的推动作用，适时表扬学生，向学生传播正能量，培养学生积极向上的道德品格。

（二）教育教学要树立人本教学观念

第一，师生之间应树立平等意识。要促进师生之间的良好交流和沟通，必须采取有效措施，改善师生关系。对于师生关系，应是平等的，是基于人格平等上的合作交流关系。在师生关系建立中，必须凸显学生的核心主体地位，教师要起到良好的引导作用。在具体的教学管理活动开展中，教师要让学生学会自我管理，不应进行过多干预。

第二，建立人性化的规章制度。科学完善的规章制度是学校管理的重要保障。一般而言，规章制度呈现出重惩罚、轻奖励的失衡状态，在高校管理制度建设中，需要先建立符合大学生心理特征、年龄特征、班级特征的人性化制度。

第三，尊重学生的个体差异性。素质教育的最终目的是实现学生的个性发展，要在教育之初认识到学生的学习基础、理解能力等方面的差异性。要从根本上提高教学效率、保证教育成功，必须尊重学生，采取个性化和专门化的教育方法，针对不同的学生，采取不同的教学方法，通过加强个性化教育，为学生创设良好的学习环境和学习氛围，从根本上提升学生的思维创新能力。

第四，教师必须认识到，学生是发展中的学生，学生之所以称为学生，是因为他们需要被教育，尤其是在当今社会环境下，大学生的思想变得更加多元，无论从成长的横向还是纵向来看，他们的发展都具有更大变化。学生的成长除了遗传因素影响之外，主要受到外界环境、后天教育的影响。通过自身遗传因素、外在环境和后天教育的共同影响，学生逐步从青涩走向成熟。然而，成熟的过程时而缓慢时而快速，教师必须树立“学生是变化的学生”的意识，不应用成人的思想标准要求学生，要对他们实行动态化管理，针对不同的发展阶段进行引导。

第五，培养学生的责任感。对于学生责任感的培养，主要指他们应该具有道德感。首先，教育他们展现自己的个性；其次，培养他们对自我负责、对社会负责的意识。

（三）注重以学生为本的教育管理观

教育活动是根据教育理念开展的。在进行学生管理变革时，先要发扬“以学生为本”的观念，充分尊重学生的个性，鼓励全体学生参与，这是做好管理工作的基础。人是最核心的资源，是管理工作中的第一要素。学校管理人员要将学生作为所有工作的重心，要以学生为中心开展活动，充分尊重学生、关爱学生、鼓励学生，要时刻不忘满足学生的合理需求，并引导他们开发自身的主动性、创造力和积极性。

以学生为本的教育思想，需要深入了解学生需求，只有在了解学生基础上，才能展开有针对性的管理。与此同时，应该以提高学生的综合素质能力和创新能力水平为教育出发点，在管理过程中使用科学、民主的管理方式，最大限度地调动学生学习的主动性、积极性，营造一种学生是学习主人翁的良好氛围，使学生认识到他们不仅是被管理的对象，也是自我管理的主体。

学生管理工作需要学校全体人员参与，形成管理合力，应该提高学校各个部门对学生管理的参与程度，引导他们积极参与到学生管理的过程中，建立整体性的管理体系，以学校主要工作部门为管理主体，以部门内的相关人员，包括教学人员、职工以及学生干部等，共同进行学生管理，为学生的生活、情感、学习提供服务。

总而言之，就是要在学生管理的过程中充分了解学生需求，帮助学生提高综合素质和专业技能。管理要具有民主性和主观能动性，使学生意识到他们是管理的核心，除了被管理，还有管理的职能。要帮助学生培养对自我的管理、教育和服务。另外，高校应邀请多方共同参与协助管理，只有多方协作的模式下才能够将高校的服务职能、管理职能、教育职能进行充分结合，形成新的管理合力。

（四）运用现代技术推进学生管理手段创新

随着互联网的飞速发展，我国许多行业都发生了巨大改变，教育也不例外。互联网技术、大数据技术逐渐走进大学校园，并且促进各项工程建设。大学生是我国当代社会网民的主要群体，校园网的建立为学生提供了用网渠道，大学也成为互联网用户的密集区域。大学生在日常生活中主要依靠互联网获取生活所需要的各种信息，互联网对他们的日常生活、日常学习、价值观念、思维模式都产生了非常深刻的影响，这对大学教育管理也提出了新的挑战。为此，大学管理者需要掌握互联网技术，利用网络实行创新，开拓管理途径、丰富管理手段，将管理升级为信息化管理，只有这样，学校管理工作才能真正发挥作用。

1. 构建学生管理信息创新的平台

科学的进步非常迅速，信息化和互联网技术的发展也同样迅速。随着数字校园和网络校园的发展，高校已经成为网络用户最多的地区，学生自然是数量最多的网民。新时代下的互联网给学生带来了极大的帮助，互联网已经成为学生日常学习中获取知识的途径，对他们的世界观、人生观、价值观产生了深远的影响，同时也加重了学生管理工作的难度。高校管理人员要进行计算机相关知识的培训，加强网络知识的学习，并在学习过程中掌握新的方法开展学生管理工作。在管理中，不断提高自身的信息化技能、科学化技能，这样的管理方式才能受到学生的喜爱。

2. 健全学生管理机构的创新运行

管理学中的中坚力量是学生工作管理队伍，他们是学生管理的主要管理者、执行者。学生管理队伍的行政组织形式是管理机构，管理机构主要负责组织内部的活动管理，也负责调度机构内各个队伍的力量，综合管理资源，实现科学有效的管理。为了提高管理水平，应该推进学生管理运行机制的创新。

学生的管理团队在高校管理工作中发挥着重要作用，他们是主要的执行人员。管理机构作为整个管理体系的坚强后盾，通过发展学生管理团队、健全学生管理机构、促进高校管理资源的合理分配，为学生管理机制创新贡献力量。学校应该借助辅导员的优势来构建和整合学生管理团队，打造更高水平的管理平台。并且加强奖惩制度的力度，激励管理团队的斗志，培养岗位责任感。高校的学生工作处是指导学生的管理机构，主要负责学生工作的安排和执行。作为执行单位，要充分发扬管理的公平性，要更加细致地管理学生，并完善相关的线上线下管理办法。通过这种多方的机制革新，明确管理的目标和职责，并将管理人员中的辅导员、班主任、学生团队进行有机结合，及时沟通，进行有关工作的汇报、反馈和相关问题的探讨，这样能够更加细致地开展管理工作，达到更好的管理效果。

3. 建设多维主体的学生管理体系

高校学生管理工作的主要途径是制定规章制度和行为规范，约束学生行为，引导学生思想的正确发展，帮助学生成长为合格的社会主义接班人。学生发展的过程受到很多因素影响，学校管理工作必然需要多元的管理主体。在多元管理主体中，学校是主要的管理者，社区是学生管理工作的支持者，家庭是学校开展学生管理的合作伙伴。

高校学生管理就是通过相关的规章制度、行为准则和管理办法对学生进行思想和行为的教育，并培养学生的思维能力、学习能力等。学生的思想和行为是受到多方面影响共同作用的结果，因此，在对高校学生开展管理工作时要进行多方面的管理。这个过程中，学生是主体，公寓是学生的重要环节，家庭是重要的辅助手段。

（1）学校是学生接受教育的重要场所。学校的规章制度和相关管理方法需要建立在充分尊重和了解学生的思想特征和实际情况基础上，明确科学合理的人才培养目标，还要在结合学生身心发展规律的基础上，实现刚性管理和柔性管理的有效结合，凸显出思想教育的激励价值，营造出良好的教育管理氛围。

（2）社区是学校学生管理的重要支持者，社区已经成为学校管理机构中不可或缺的重要组成部分。社区是学生开展日常生活和娱乐交往的主要区域，也是学生课外学习的主要区域。学校内的社区必须加强有效管理，有助于约束学生行为，引导学生的思想观念。一般而言，对社区管理是建立公寓管理中心，管理的主要目的是避免形成管理盲区，对学生实行全方位管理和帮助。公寓管理中心的建立也是为了营造良好的社区氛围，为学生的生活和课外学习营造良好的空间。除此之外，公寓管理机构还必须和学校其他管理机构进行有效沟通、积极交流，将学生管理过程中出现的问题进行及时反馈，通过管理部门的共同研究解决学生的发展问题，进而提高学校的整体管理水平。

（3）家庭是高校学生管理体系中不可分割的一部分。要加强高校学生信息化管理，还需要学生家长的配合，只有在综合考量高校教师和学生家长交流信息基础上建立起来的学生家长联系制度，才能真正发挥应有作用。例如，多数家长在与高校互动方式上，不仅会通过电话联系，还会利用高校官网留言或者邮件反馈信息。这些关于教育经验交流的方式，从根本上促进了高校学生管理工作的有效落实，扩大了学生管理方法的应用范围，从根本上优化了学生管理效果。高校学生管理创新工作难度较大，针对高校学生管理人员，必须在结合信息化思维特点基础上，不断创新和完善学生管理方法，及时了解学生管理变化情况，从根本上推进学生管理的创新。

4. 利用教育网站进行远程教育

教育网站所实现的远程教育功能模块主要有：远程教学系统、智能答疑系统、在线考试系统、教学资料库、远程交流系统、远程多媒体视音频点播系统、课外活动组织服务系统等。在建设教育网站时，首先，学校要考虑宽带，要适应不同的浏览器，要让网页内容便于搜索和阅读，要有创意；要考虑题材的选择、脚本的编写、结构框架的规划、页面的设计制作、交互功能的实现等诸多因素。其次，要从网站的类型、用户、信息内容和功能模块等方面全方位考虑教育网站的定位，使教育教学资源与网络技术更好地结合，这是教学网站建设的基础，也是教学网站建设的最终目标及总体指导方针。为尽可能地使开发出来的网络资源高效、快速、全面地得到应用，形成一个全方位、多层次、有体系的教育网络，为远距离教学的真正实现奠定坚实的基础，提出三点建议。

（1）以内容建设为核心，进行资源的整合重组。在构建教育网站的过程中，内容建设是最主要的，只有拥有教育内容的权威性、科学性和实用性，使教育网站内容确实有益于学生学习知识与综合素质的提高，才能够吸引学生参与教育网站学习。因此，加大教育教学信息资源开发力度、提高信息传播质量是教育网站建设中的首要之举。然而，教学网站的内容也不是越多越好，而应强调针对性和突出重点。设计教学网站时要结合教学实际确定主题，力求标新立异。在建设一个教学网站之前，先以系统的观点综合考虑教学对象、学科特点及软件类型等诸多方面，遵循完整、明确、可理解、可查询、易于操作等原则，确立一个提纲，分好栏目，考虑好各部分如何有机联系起来。

网络教育不能只对传统教育内容进行简单堆积，而要根据现代教育理论，通过数字化等手段整合各类教育资源，形成交互性强、超文本结构、符合现代教育思想和学生学习特点的教育教学体系，建构以学生为中心的新型的网络教育。换言之，教育网站建设应当根据目前网络教育日益专业化和多样化的需求建立相应的资源数据库，广泛收集各种教育教学信息，对各种教育教学信息进行整理、分类，并进行细化和重组；在教育科研上，提供最新的动态、观点和进展；在教育新闻报道上，求新、求快、求准。只有重视教育教学信息的深度开发，以权威的资料、具有特色的教育教学辅导和分析材料等来确立网络教育的传播地位，教育网站开展网络教育才有雄厚的基础和竞争力。

（2）以学生为中心，注重教育主体之间的交互。协同发展教学网站的设计应该以学习者为中心，充分考虑学习者学习的需要，不仅要向学习者和用户提供教育教学内容、良好的导航性以及交流的渠道，还要对这些内容加以说明和指导。只有学习者理解和掌握了这些内容，教育教学的目的才能达到。因此，在教育网站上运行的教案、课件、习题等都应该具有良好的交互性，而不是简单的课本内容电子化。在教育网站上开展网络教育必须和教学基地的建设、多媒体教材的建设、学习支持服务体系的建设、质量监控体系的建立等各方面紧密地联系，能使学习者进行“发现式”学习，能在网上自主自觉学习，使学习者真正成为学习的主体，构建起以学习者为中心的现代远程教育体系。

（3）以加强管理为责任，保证网站教育的运行。教育网站要有意识地引导用户进行评价、筛选、判断，自觉抵制网上不良信息的影响。严格按照中华人民共和国教育部的要求，规范教育网站的建立与管理，既严格遵守国家的相关法律法规，又保证网络信息的自由流动，只有这样才能使网站正常运转。我国利用网络进行远程教学起步较晚，如何充分发挥网站的教学功能，使网络教学真正成为教育变革的一项内容，正是目前亟待考虑和解决的一个重要问题。网络教育的发展对教育网站的建设和发展提出了新的挑战，未来真正的现代远程教育，必然依托于教育网站，制作高质量的网络课程和教育网站是当前教育工作者的重要工作。

由此可见，教育网站建设绝非硬件、软件、教学资源、资金、发布平台等那么简单，它不但需要收集各方面的反馈信息，不断进行版面设计修改；也需要高素质的网站建设人员了解信息技术发展的趋势，采用先进的建站技术，改进网站已有的功能，办出校方本身的特色；还需要增强网站管理机制，这样才能在远程教育方面逐步实现教材多媒体化、资源全球化、教学个性化、学习自主化、任务合作化。但网络传播的虚拟性和内容的不可控性将在相当长的一段时间内存在。从事教育事业，对象是不同地区、不同年龄、不同文化背景的方方面面的求学者和用户，因此教育网站是影响面很广的一类网站，管理工作十分重要。对网站本身发布的信息和教育教学内容要严格把关；对于网上论坛、网站的拟化、管理自动化，系统要保持开放化。

第三节 信息化发展对学生管理的影响因素

网络技术进入飞速发展的阶段，利用现有的网络技术构建学生工作的信息化管理平台，能够提高学生管理的工作效率，有利于学生素质教育的开展，营造有助于学生个性化发展的成长环境。如今，高校可以利用计算机和网络技术代替传统人工的工作方式，完成对基础信息的整理工作。学生管理信息系统能够自动处理学生管理中的各类信息，将整理后的内容传到互联网上，教师和学生可以依据权限和需求查询相关信息。这种工作方式能够减少高校学生管理工作的工作量，提升工作效率，提高高校学生管理工作的能力和水平。

一、信息化发展对学生管理的重要作用

（一）实现学生管理工作的科学数字化

随着互联网技术发展得越发成熟，社会信息化是大势所趋。社会信息能够改进高校学

生思想政治教育工作的工作方式，有利于学生管理工作向数字化方向推进。目前，高校学生的信息都是以数字化方式进行储存，教师或者学生查找相关信息更加便捷高效。在推进高校数字化建设的过程中，新系统不仅要符合数字化校园要求，还要与中心数据交换平台相匹配。因此，新系统的数据信息要上传到中心数据库中，保证与中心数据交换平台相兼容，不仅有利于学校数据管理权威化、集成化和标准化的实现，而且还能够保证数据的一致性、完整性、共享性和有序性，以便将安全、高效、便捷的数据提供给终端用户和业务系统，有利于数据信息的集中管理和有序组织，方便用户访问，还有利于职能部门更加规范地完成工作，科学管理学生工作。

高校学生管理实行信息化后，能够建立合理的制度，更加规范和科学地制定管理工作的内容和管理流程，减轻繁重的工作量，简化工作流程，节省人力、物力，减少错误的出现，提升工作效率，延伸学生管理人员的工作空间。例如，浙江工业大学的学生综合管理平台，运用数字化方式对学生基本信息进行储存，该系统功能包括学生心理健康、信息统一认证和学生日常事务等，使学生的学习和生活更加方便，提升了学生管理工作的效率。

信息化在高校的迅速普及，方便了学生的学习生活，也提高了学校管理部门的工作效率。学校在实现校园管理的同时，更加注重便捷的服务。所谓数字化，指应用现代信息技术，将文本、声音、图像、动画等物理信息以一定数字格式录入、存储及传播。简单而言，就是信息处理的计算机化。数字化校园是在校园内建设一个以校园网为媒介、以信息化管理为重点、以信息化服务为支撑的便捷校园管理系统。同时，校园主干网络的建设覆盖整个学校建设，连接包括图书馆、食堂等自助终端设备，实现校园网和区域主干网的对接，实现教师教学、学生事务管理、教师教育研究的信息一体化，随时随地为教师和学生提供便捷的信息服务。

数字化校园建设就是建设一个理论和实践相结合、信息技术过硬、应用广泛的信息系统，实现信息服务数字化、智能化，信息管理自动化。实现学生事务信息化管理，需要借助智能化的电脑系统，将学校行政管理、学生事务服务等不同的系统进行对接，使得各个部门之间的数据库能够实现共享，有效缓解各个部门、各个院系各行其是的现象。这些信息通过网络转化为数字形式，相比传统的上传下达工作模式，加快了信息的传播速度和辐射范围，提高工作效率，促进数字化校园建设。

（二）加强高校师生之间的沟通与反馈

高校大学生是文化层次较高的特殊人群，随着网络时代的到来，网络对他们的影响也越来越大。校园信息化不仅有利于高校开展学生管理工作，还可以与学生进一步沟通、交流，并及时获取反馈意见。如今，信息技术发展得越来越快，使人们的沟通交流越来越容易和方便，高校学生对此也非常偏爱。信息化技术与高校管理工作高度融合，为高校从事学生管理工作的教师提供了与学生交流的机会。

在高校从事学生管理工作的教师，可以借助多种信息化手段完成学生管理工作，因为信息化与学生管理工作相结合是大势所趋，是时代要求。高校学生可以在日常生活中用新媒体等信息化技术进行沟通和交流，而且信息化技术不会受到时间和空间的束缚，可以随时随地与大学生进行一对一交流，具有高效、快捷和方便的特点。所以，信息化技术在学生管理工作中的应用性很强，尤其是高校辅导员，他们使用微信、腾讯 QQ 或者短信的方式与学生沟通交流，从而使学生管理工作更加便捷、简单和高效。

与传统媒体相比较而言，微信和微博等新媒体的主动性、移动性更强，同时还具有互动性和个性化的新特点和新优势，因而越来越多的人开始使用微信和微博进行沟通和交流，如果将大学生思想政治教育工作与这些新媒体相结合，将会突破工作的局限性，加强教师与学生、学生与学生之间的沟通和交流，提升大学生思想政治教育的实效性。此外，微信和微博等新媒体具有高速传递、便捷、共享、信息量大等特点，如果利用新媒体分享时政资料，宣传先进事迹、先进思想和先进案例，可以丰富思想政治教育工作内容，使工作方式更加灵活，保证高校学生第一时间看到相关内容，开阔学生的眼界。换言之，新媒体为高校学生思想政治教育工作的创新提供了一个十分有利的平台。

（三）推动高校学生管理工作载体创新

学生管理工作信息化的开展，有利于高校工作的高效化和现代化推进。学生工作信息化管理是高校发展信息化的重要任务，是社会信息化的重要目标，能够反映社会信息化的发展方向。将学生人本主义教育与管理信息化相结合，有利于高校工作高效化和现代化的实现。推动高校学生管理工作载体创新的具体内容有以下方面。

1. 建立学生管理工作的有关网站

功能完备的网站是信息化管理工作顺利开展的基础。网站本质上是虚拟的媒介，设计合理和内容全面的网站有利于高校学生管理工作的开展，有利于信息的浏览和查询。网络信息化和数字化将学生管理工作与互联网有机结合，减少学生管理工作的工作量，提升学生管理工作的工作效率，有利于学校网络宣传。在建立学生管理系统网站时，要符合以下基本要求。

（1）网站应与学生思想政治教育主题相一致，与学生管理工作紧密相连。

（2）满足内容具有思想性和实用性的要求，以便高校学生信息化管理工作顺利进行。

学生网络化管理平台有助于学生信息管理工作的开展，高校可以利用学校网站发送通知、发布公告、公布成绩、宣传新的政策，教育工作者和学生能够获得更加便利的服务。由于互联网没有空间和时间限制，教师和学生无论在哪里、无论何时，都能够了解学校发生的事情。学生还可以通过校园网络平台，针对校园事件或者政策方针发表个人意见，向学校反映自己遇到的问题，还可以找到网络平台的咨询教师，教师从专业角度解决学生遇到的问题和困难，使学生的学习和生活更加顺利和丰富多彩。

2. 开发学生管理工作的操作系统

与传统学生管理工作相比，高校信息管理系统是利用计算机技术设计的软件，具有很强的检索、记忆和存储功能，有利于学生管理工作的开展。高校信息管理系统有利于学校信息的公开，系统操作简单，教师和学生能够方便地找到想要的信息，节省时间，提高工作效率。经过优化升级，高校信息管理系统可以更加系统化、科学化地为学校教师和学生提供优质服务，主要表现在以下三个方面。

（1）组织管理。高校的学生组织主要包括党支部、团委、青年志愿者协会、学生会和其他社团组织等，这些组织有利于学校对学生的管理。例如，班级干部、各组织的学生干部都是学生管理工作顺利开展的保证，能够起到联系教师和学生的作用，促进教师与学生的沟通。因此，为了学生管理工作能够顺利开展，应认真挑选学生干部，将学生干部作用发挥出来，保障学生干部的系统化和科学化，有利于学生管理工作井然有序地开展。同时，整理各种活动的工作资料并及时录入系统，方便以后查阅和借鉴。所保存的各项资料也可以为以后活动的开展和干部培训，提供丰富的经验和案例。

（2）综合测评工作。高校通过测评方式对学生进行考核，是对学生进行全面衡量和综合评价。学校可利用计算机技术，建立公平公正的综合测评机制，不仅可以使学生的权利和义务得到保证，也有利于高校测评工作顺利有序地开展。

（3）档案管理。建立档案是学生管理系统中的日常工作，将学生信息以电子版的形式整理并录入系统，既可以确保学生基本信息的准确性，还方便日后查找，节省时间和精力，提高工作效率。

（四）建立学生工作管理网络平台

在学生管理工作网站中建立学生工作管理网络平台，开设适合学生发展的项目，根据学生的需求提供相应服务，整理和汇总各项事务，使学生管理工作与网络系统紧密联系在一起，合理有效地利用网络平台，通过高效和便捷的网络系统，提高学生工作的管理效率。

第一，建设学生就业信息。由于高校的不断扩招，学生就业问题越来越严重，高校应该在学生信息管理系统上增加毕业生就业板块，为应届学生提供优质的招聘信息，有助于学生找到适合的工作，提高毕业生的就业率。

第二，心理咨询中心系统。近年来，大学生群体的心理问题越来越凸显，学校领导以及教师应该对此有足够重视，在实际工作中有所体现，可在学生管理系统网站上建立心理咨询项目，开展主题为“心理健康教育”的线上讲座，针对大学生普遍存在的心理问题进行阐释和解答，帮助大学生正确认识和应对心理问题，还可以提供线上一对一的咨询服务，为大学生答疑解惑。

第三，学生社区交流系统。高校可借助网络，为大学生提供沟通交流的机会，选择不同的文化为主题，让大学生各抒己见，展开交流，在沟通交流过程中，相互了解、建立友谊、增进情感，使大学生的课余生活更加丰富多彩。

（五）促进高校人才培养模式的创新

所谓人才培养模式，是指在国家人才培养目标和相关质量标准框架内，大学生所接受的关于知识、能力、素质结构以及如何实现这种结构的人才培养方式，具有模式化、专业化、统一化的基本特征，普遍适用的是家庭、学校、社会三位一体的育人模式。在这个模式中，家庭、学校、社会各自发挥育人功能，力求每个环节都做到最好。如果三个方面缺乏信息沟通和共享，不能及时了解每个学生的需求，便不能真正实现学生的全面发展。

在当前全国信息化的大趋势下，信息社会中人类智能化的创造力得到普遍运用，对人才思考问题的方式、经济活动方式、社会实践产生巨大作用。对此，高校培养人才必须与时俱进，符合社会不断变化的发展和需要，必须不断提升职业素养和能力素养，熟练地掌握和应用计算机，根据相关专业知识对信息进行进一步分析，果断进行思维判断，科学实践，从容应对现代化的信息社会。

如今，高校信息化发展处于依托校园网络、继续加强和完善的阶段，高校应当抓住信息化建设时机，促进人才培养模式的转变。同时，应该以人才培养模式的转变进一步带动高校信息化发展，真正做到人才培养和信息化建设两者相得益彰，协同发展。还需要认识到，处于迅速发展状态中的信息网络技术，就能够快速接受新事物的大学生而言，同样产生思想层面和行为方式上的影响。因此，信息技术不仅改变大学生的生活方式，加快大学生的生活节奏，也为大学生信息管理工作增加了一定难度。

二、信息化对学生管理模式的有关影响

（一）管理信息系统得到应用

随着计算机的普及，办公信息化也扩展到高校中。各种专用软件系统是实现高校办公信息化的主要手段，如学生学籍信息管理系统、学生选课系统、学生宿舍管理系统、图书馆管理系统、校园卡管理系统等。这些管理信息系统的使用，很大程度上提高了工作效率，同时也节省了储存传统资料的物理空间。例如，学生入校的时候，就将该学生的所有信息录入学籍信息管理系统，当需要查找该学生的信息时，只需要登录系统查询即可，不必再像以往那样需要到处查找学生的纸质学籍档案，无形中提高了工作效率。

（二）网络和即时通信工具得到应用

随着计算机网络技术的发展和电脑设备网络设备的价格越来越平民化，网络在校园里的普及度已经非常高。利用现在发达的网络环境，学生管理工作可以更加高效即时。而且，网络管理的方式多种多样，有电子邮件、论坛、QQ、博客等多种形式。例如，对学生进行就业指导时，可以充分利用网站或者论坛的形式，及时将所有有用的招聘信息发布到网站或者论坛上，学生们通过经常浏览网站或论坛，即可获取招聘信息。如果是人数较少的群体，可以充分利用 QQ 群进行管理，各种通知事项可以通过群发消息通知，并且可以进行及时的交流沟通。若事情的内容繁杂，则可以利用发送电子邮件的方式告知学生，并接收电子邮件形式的反馈，节约了双方的时间。

（三）教学和管理方式迎来新挑战

随着云技术的不断发展，计算机的运算速度、运算能力和存储容量的瓶颈被突破，信息技术的应用必定更加深入广泛。当科技力量转化为生产力的时候，我们的生活就会随之改变，而教育也会随着发生改变，教育理念和教育方式会发生改变，身在教育体制中的管理者、教师和学生的思维方式也会发生改变。只有在新的信息环境下，掌握并充分利用这些新变化、新特点，才能更好地管理学生，更好地向学生传道授业解惑，更好地学习知识。

另外，网络的无地域限制、连接更方便的特点，让网络成为学生管理的一种主要方式，也是管理方式的必然趋势。在未来网络的新形势，甚至是物联网的环境下，如何利用这些资源来更加高效地管理学生，也是我们面临的一个重要课题。

第四节　高校学生管理信息化的优化策略

一、强化在管理工作中的大数据应用意识

在大数据时代下，应用大数据来加强高校学生管理工作是一次大胆尝试，也是必然趋势。广大高校教师只有具备较强的大数据应用意识，才能够在实际学生管理工作中有效发挥出大数据的作用与价值。因此，高校教师应顺应时代潮流，强化在学生管理工作中的大数据应用意识，积极运用大数据工具及相关技术来提高学生管理工作效率、解决学生管理工作中遇到的问题。

二、开辟线上学生管理工作渠道

随着大数据时代的来临，高校学生管理工作渠道已经不再仅仅局限于线下，各种线上管理工作渠道展现出了巨大的发展潜力，所以高校应积极开辟线上学生管理工作渠道，以便更好地满足大数据时代下的学生管理工作实际需求。例如，在高校学生思想政治管理工作中，可以通过 QQ 群、微信群、微博主页、微信公众号等各种线上渠道来开展相关工作。一方面，可以将思想政治教育内容以音频、视频、动画等更加生动趣味的形式呈现给学生，以增强学生的兴趣、提高学生的接受度；另一方面，可以摆脱时间与空间的桎梏，提高思想政治工作的灵活性。此外，由于线上信息更容易被转化为数据资源，所以通过开辟线上学生管理工作渠道，还能够方便对学生的思想、情感及行为动态进行动态化监控与管理。

三、利用大数据模型拟订个性化管理方案

每个学生都是独一无二的，不同学生的性格、爱好、特长、经历、学习情况等均各不相同，思想、情感及行为动态也各不相同，所以在高校学生管理工作中，要善于根据学生的个性化特点采取具有针对性的管理策略，注重开发学生的个人潜能。在大数据时代下，

教师可以基于大数据模型，为学生模拟制订个性化管理方案，以提高学生管理的针对性与合理性。

四、建立健全“三全育人”管理的体系

在大数据时代下的高校学生管理工作中，离不开“三全育人”管理体系的落实，因此高校应尽快建立健全“三全育人”体系，使各部门之间形成一股合力，共同去加强学生管理工作建设，更好地实现学生管理工作目标。“三全育人”体系中的“三全”是指全员、全方位及全过程。具体而言，高校人事部门应充分发挥好人事管理职能，加强对教职工综合素质和能力的培育；教务部门应做好统筹与支持，针对学生管理工作提出具体的实施办法及制定科学的管理考核制度；管理部门应发挥好带头作用，加强对学生管理工作的领导与指导。

五、利用信息化技术加强网络舆情把控

由于高校管理者以及学生的视野有限，因此极易受到网络舆情的影响而在思想和行为上发生偏移，这种情况给教师带来了许多网络舆情把控方面的挑战。而通过大数据技术，可以方便调查和分析网络舆情及学生的思想动态，从而加强网络舆情把控。

六、利用大数据完善档案管理信息化建设

学生档案管理是高校学生管理工作中的一项重要内容。在大数据时代下，利用大数据完善学生档案管理信息化建设意义重大。档案管理信息化系统能够提供全面的档案管理功能。但需要注意的是，在档案管理信息化建设过程中，应选择更加先进、优质的系统软件，并加强系统维护，定期对系统进行更新升级或更换。

七、加强教师的大数据素养培育

人力资源是第一资源，若想充分发挥出大数据对高校学生管理工作的作用与价值，必须先使广大高校教师具备较高的大数据素养。所以，高校应加强对教师的大数据素养培育，确保教师熟练掌握大数据系统软件的操作方法。同时，除了提高现有教师的大数据素养外，高校还应进一步加大人才引进力度，利用良好的条件来吸引更多具备较高大数据素养的教师人才加入高校当中，以充分满足高校学生管理工作的人才需求。

第三章 大数据时代下的高校教育质量管理信息化

第一节 大数据时代下高校教育质量的管理体系

学校开展的各项教学活动是教学质量的一种动态体现，是学生在教师的引导下，系统学习科学文化基础知识以及基本技能，确立科学的世界观、人生观和道德观，发展智力和体力，提高自身全面素质的过程。因此对整个教学过程实施质量监控，确保教学过程各个环节的有效运转，真正做到按教学自身发展的规律组织教学，运用科学的方法管理教学，调动全体师生在教与学当中的积极性、创造性，实现教学管理科学化、民主化、现代化是非常重要的。通过监控体系的建立与实施，不断提高高等学校的教育教学质量。

一、教育质量的认知

质量的概念是在历史发展中产生的。随着时代的变迁，质量的概念也在不断地进行补充、丰富和发展。人们对质量的概念在不同的历史阶段表现出不同的理解，出现了符合性质量、适用性质量和全面质量等概念，质量的重要性得到人们的认可，逐渐有了质量意识。质量是指产品或工作的优劣程度。如产品质量、服务质量、工程质量、教育质量、建筑质量等。

从产品的角度来看，产品的质量就在于要符合产品的设计要求，达到产品的技术标准；从产品的使用者角度来看，质量是产品和服务满足顾客需要的程度。满足顾客的要求，为顾客所接受，就是高质量。工农业产品的质量一般较易于衡量，根据产品的规格、使用要求等制定质量标准，即要达到规定的指标。工农业产品按照这些明确规定的指标在生产过程中进行检验、控制来保障产品达到规定的质量，可以用合格率的高低来衡量质量。质量的概念含义广泛，人们已经将质量的概念发散至各个领域。而高等教育质量，则更为复杂一些。高等教育是培养人，换言之，学生是高等教育的产品，既要求在量上满足

国民经济和社会发展的需求，又要求在人的基本素质上达到各行各业的基本要求，故高等教育质量呈现出多元性和层次性。高等教育产品与工农业产品完全不同，他们是具有主观能动性的、活生生的人，不能简单地根据产品的优劣程度来衡量质量，因此对学生质量的评价，不能完全参照工农业产品的标准。

高等教育的类型呈现多样性和层次性，研究生教育、本科教育和专科教育都有各自不同的质量要求，研究型大学有研究型大学的质量要求，教学型大学有教学型大学的质量要求，地方性学院有地方性学院的质量要求，就算同为研究型大学，也有偏重理论、偏重技术和偏重应用之分，其质量要求也各不相同。所以不能用同一质量标准来衡量不同性质的高校，也不能用精英教育阶段的质量标准来衡量大众化阶段的高等教育，否则，会形成极大的反差，会引发对大众化阶段高等教育质量的全面否定。大众化高等教育的质量是多元的、有层次的，不仅要增加人才数量，而且还要提高人才素质，注重内涵发展。

教育的本质是以人的培养为直接目标的社会实践活动，教育质量应当是教育的永恒主题。关于教育质量本质的说法包括：①教育质量就是人们期望学校给学生带来的不仅仅局限在认知领域的变化；②教育质量的指标主要意味着“丰富的资源”，包括较多的专业、巨大的图书馆藏、一定数量的知名学者等指标；③质量就是一种与能满足或超过期望的产品、服务、人员、过程和环境相联系的动态的状态；④教育质量不是一个静态的概念，应该是动态的，质量和水平是相对的，是根据特定的时间、特定的地点、特定的学习者和他们的环境相对而言的；⑤教育质量就是“整个学校的绩效”；⑥高质量指的是一个学校或学院为全体学生规定了高标准和目标，然后，想方设法地协助学生达到这些目标；⑦教育质量是学校根据国家教育方针政策的要求，为满足特定的社会和学生发展的需要而确立的教育目标，并加以设计、组织、实施，旨在实现这一目标的教育活动达到预期效果的度量；⑧教育是以促进社会发展和人的发展为目的的培养人的活动，教育质量是在既定的社会条件下，在教育活动客观规律与学科自身逻辑关系的限制下，一定的教育所培养的人才满足社会需要的程度与促进学生身心发展的程度。显然，不同的人、不同的组织以不同的教育价值观、不同的方法论和不同的关注点来界定教育质量，将得出不同的结论。

综上所述，高等教育质量具有以下共同的特征：①质量是独有的，优秀的；②质量与设定的规格和标准相一致。标准是评价的基准或尺度，规格可以包括一系列标准。教育质量是教育水平高低和效果优劣程度，衡量的标准是教育目的和各级各类学校的培养目标。教育质量规定受培养者的一般质量要求，也是教育的根本质量要求；衡量的标准规定受培养者的具体质量要求，是衡量人才是否合格的质量规格。由此可见，高等教育质量包含两个方面的含义：一方面，是指衡量人才质量的统一质量标准，即德、智、体、美、劳全面发展，人文素质和科学素质有机结合，具有创新精神和实践能力；另一方面，是指在统一质量标准的基础上，各级各类学校人才培养的具体目标。

显然，要对大众化高等教育进行质量评价，实际涉及高等教育的一般质量标准和具体质量标准两个方面，一般质量标准是教育质量的共同基准；具体质量标准是衡量所培养人才是否合格的质量规格。我们评价高等教育的人才质量，既要有一般的质量标准，又要有具体的质量标准，只有把两者结合起来考虑，才能得到一个全面的认识。由于教育质量具有内隐和迟效性的特点，短时间内难以对其评价，内涵往往容易受到忽视，另外评价的标准不统一，难以获得广泛的认可；再者对教育质量的定义过于注重结果而忽视过程，这都是需要认真反思的。对教育质量的解释不能局限于某一方面，而必须考虑人的全面发展和社会的和谐发展，把促进人的全面发展与满足人民群众的教育需求有机统一起来。总而言之，“教育质量”并非内容与标准固定不变的概念，而是一个与特定的社会主体相联系、随社会的发展而变化的动态概念，反映人们对教育活动结果的期望。因此，教育质量主要体现在培养的人所能满足个人自我发展要求和社会人才需求的程度。

对于高等教育质量的概念，不同的人有着不同的理解，可以从四个方面进行具体的阐明和解析。①卓越，即一流的。质量在很大程度上被视为“卓越”“优秀”“第一流”的代名词。对于复杂的质量概念，大致包含大学的等级声望、可享用资源的丰腴度、教学成果和学生能力的提升等。当这些方面达到“卓越”时，才能称为高质量。②达到目标。瑞典的胡森认为：“高等教育质量的高低就是指高等教育活动所产生的效果达到既定的目标的程度，或者说满足社会及受教育者需求的程度。”可见，质量对于目标的适切性通过比较与目标的一致程度来测量。③满足程度。质量是满足国家和社会需要的程度，主张注重实效、强调社会适应性，把满足社会需求作为衡量教育质量的标准。此外，“质量满足需求”的定义还体现在满足个人的发展、实现自我价值的需要上。④持续改进。质量是一个历史的、发展的概念，与时俱进，有很强的时代特征。质量的内涵与标准处在一个动态的发展变化过程之中，这就赋予了质量“持续改进”的定义。因此，我们对待质量问题不应满足现状，而是要结合当代高等教育现状和趋势的情况，努力做出调整，对质量进行持续改进和完善。

高等教育是国家和社会发展进步的基础，高等教育质量往往关系到国家高层次人才的培养和社会经济发展，因此高等教育质量一直是相关机构学者非常重视的问题。高等教育质量是一个复杂而又有争议的问题，是近年来我国高等教育界乃至全社会普遍关注的一个话题，这主要是因为开始于20世纪末的高等教育规模的急剧扩大，大学生数量迅速增加以及大学毕业生就业难等引起了人们的广泛讨论。它不仅关系到高校的生存和发展，而且还关系到国家和社会的发展，提高质量是高等教育永恒的主题。

高等教育质量体现为高等学校产品或高等学校教育工作的优劣程度。高等学校的产品和高等教育的职能是密切相关的。与教学职能相联系的产品是高等学校向社会输送的高级专门人才；与科学研究职能相联系的产品是科研成果；与为社会服务职能相联系的产品是各种形式的服务，各职能是相互联系、相互促进的。高校的科研水平越高，为社会服务开展得越活跃，越有深度和广度，就越有利于教学水平的提高。高等学校的教育工作主要是围绕学生展开的，概括起来主要有教学工作、思想政治工作、校园文化的开展、大学生社会实践等。

由上可见，高等教育质量的内涵是十分丰富的。在方法上如何测量这种质量更是仁者见仁，智者见智。国外有学校采用学生成绩为指标，也有通过问卷广泛搜集社会评价来表示，还有以毕业生的平均起薪工资作为对高等教育质量的评价。将学生质量置于首位，因为学生是高等学校的主要产品，所以是高等教育质量的核心指标。师资质量是高等教育质量的重要组成部分，是教育的人力投入的主体，也是提高学生质量的人力保障。物质条件同样是高等教育质量的组成部分，同时是人才质量的硬件管理体系。以上这些指标都是可以量化的。

从质量到教育质量再到高等教育质量，可以理解为从抽象到具体、从宽泛到细化的过程。随着描述的对象不同，质量概念的外延和评判标准迥异。教育事业的主体和对象是人，这就注定教育质量不能仅仅从基础的质量层面去理解，更需要多元化的眼光和视角。

（一）教育质量的属性

高等教育质量是一个复杂的概念，国内外专家学者对质量的理解角度各异，各种看法莫衷一是。高等教育质量是一个多层面的概念，应该包括高等教育的所有功能和活动。因此，研究高等教育质量保证体系，需要先解决的问题就是要厘清高等教育质量的概念，整体、科学地把握其内涵和外延。高等教育质量是人们对高等教育内在属性的度量。因此，探索高等教育质量观，必须以研究高等教育质量属性为前提。高等教育质量的属性是高等教育质量的体现，可以分为本质属性、自然属性和时代属性。

第一，本质属性是指适应性。高等教育质量是高等教育机体在运转、发展过程中满足自身特定的内在规定要求，以及社会的外在规定的一切特性的总和，即高校培养的人才对社会需求的适应程度和培养成果之间的契合程度。

第二，自然属性是指多样性。高等教育质量的自然属性是本质属性的延伸与扩展。如今社会对于高等教育的需求日趋多样化，提高高等教育对社会需求和自身发展的适应，需要高等教育适当分工，走多样化发展之路，逐步形成多形式化、多导向化和多层次化的高等教育质量格局。

第三，时代属性是指发展性。高等教育质量是一个历史的发展概念，质量的内涵与标准、人们对质量的理解和认识都处在一个动态的发展变化过程之中。因此，高等教育质量具有很强的时代特征，是一种与时俱进的发展性质量。我们要用发展的眼光看待高等教育质量，不能局限在当时当下。

（二）教育质量的质量观

高等教育质量观是高等教育的质量在人们观念上的反映，是人们在特定的社会条件下的教育价值的选择。包括如何看待高等教育的价值，怎样设置高等教育的目标，高等教育的过程评价以及教育的内容、方法、手段等诸方面。因此，高等教育质量观是一定阶段评价高等教育和引领高等教育发展的核心观念。随着高等教育的发展，高等教育质量观在历史进程中不断得到丰富，形成了包括精英教育阶段的高等教育质量观、大众化教育阶段的高等教育质量观、单一的质量观和多元的质量观等多重质量观。由于人们对高等教育的不同认识，产生出不同的高等教育质量观。

不同的高等教育质量观规定和影响着高等教育质量，成为我国高等教育发展和改革的导向因素。由于高等教育的质量概念没有一个确切的界定，研究者研究方法和出发点的不同，便对高等教育形成了各种不同的质量观。目前已有的质量观点可以概括为六种类型，具体内容有以下方面。

第一，需要论质量观。高等教育的质量由其所提供的产品和服务对社会和个人的满足情况而定。满足顾客的需求，并使顾客满意是高等教育应该始终追求的质量水平。

第二，阶段论质量观。阶段论质量观点主要基于马丁·特罗的高等教育“三阶段”发展理论，强调在不同的发展阶段，由于高等教育的重点不同，所以质量观也不同。在精英教育阶段，高等教育主要是塑造统治阶层的心智和个性，为学生在政府和学术专业中充当精英角色做准备。这种情况下的质量观是唯一的，就是“优秀”“卓越”，这种观点也被称为传统的质量观。现阶段，这种质量观可以用来衡量个别顶尖的研究型大学，但是对于大多数的教学型大学则没有太多的参考价值。在大众教育阶段，高等教育的目的不仅在于培养领导阶层，而重点则转向培养更为专业的技术人员，满足社会发展的需求，因此这一阶段的质量观是丰富多样的。对于普及高等教育，好的教育质量就是满足个人发展的需要，质量观也要发生相应的改变。

第三，适应论质量观。适应论质量观强调，适应需要并满足需要就是质量，质量并没有高低之分。

第四，产品质量观。这种观点将高等教育视为一种特殊的社会生产活动，所以对高等教育质量的评价可以建立在对其产出质量的衡量之上。一方面，一种普遍的观点是将学生看作高等教育体系用来满足社会需求的产品；另一个主要方面是高等教育面向学生、社会、国家提供的服务产品。世界贸易组织将教育和服务列为同一类贸易项目，高校的产品应是高等教育服务。学生从高校获得知识、教师的讲授、方法以及高校提供的其他管理服务，并交纳了学费，从而形成了提供服务与接受服务的供求关系。高等教育的质量就是它所提供的服务和产品质量的辩证统一。

第五，目标论质量观。目标论质量观认为高等教育质量实质上是“符合目的的质量”，指高等教育按照一定的目的、用途来进行人才的培养。如医学院对学生的教育目标就是会看病，如果培养出来的学生无法实现这个目标，那么无论怎样也无法认为这样的教育质量是高水平的。目前，办学层次和类型出现丰富化和差异化，不同类型高校的办学目的和社会定位可能会有很大的差别，如果采用单一的质量标准来进行衡量就会没有任何实际意义。所以，不同类型的学校应当针对各种办学方针和目标制定相应的教育质量标准。

第六，全面质量观。全面质量观综合了以前人们对高等教育质量的各种界定，要求以全面的观点，综合评价高等教育的整体水平。而判断的标准是高等教育质量对顾客“明确或潜在的需求”的满足情况。高等教育的质量取决于教学科研人员、学生质量、环境基础设施建设、学术环境和管理水平等多方面的因素。质量的提高需要高等教育机构全体人员的共同参与，制定系统全面的质量管理体系，通过把握优化所有的过程环节来实现。上述观点表达了从不同的价值取向、判断角度对高等教育质量的理解。尽管不同观点可能存在歧义，甚至可能有些偏颇，但是每种观点都有其存在的合理性，为我们从不同的角度深刻理解高等教育质量内涵、界定高等教育质量提供了基础。同时也表明高等教育质量已经摆脱传统的单一衡量标准，高等教育大众化阶段的质量标准是多样化的。高等教育质量目标的制定和质量水平的测评要根据高校的办学目的和实际情况来具体制定。

二、大数据驱动的高校教学质量管理体系

目前，高等教育质量管理体系随着评估内容的调整发生了新的变化，如在质量保障的

主体方面，已由过去单一的政府主导变成了自我评估，由过去的政府直接参与学校管理变成了政府只起宏观调控的服务作用，同时积极鼓励社会团体等中介机构的参与、监督学校的教学质量评估，充分调动了高校的自主性、积极性。保障的主体变得更加多元化，即实行了政府宏观调控、社会参与监督、学校自主管理的保障模式。评价标准方面，由过去注重学术、学历单一标准向现代注重实用的多元标准转变；评价手段转向全面，如采用了课堂评估、学校领导听课、同行评估、学生评估、教学督导评估等手段，以全面提高高校的教育教学质量。大数据时代的教育用数据决策、用数据管理、用数据创新，高校应建立教育大数据平台，基于平台及时反馈并持续改进教育教学质量管理，为人才培养相关主体进行价值判断和科学决策提供客观依据。

（一）构建教育大数据平台

根据全面质量管理持续改进 PDCA 循环原理，将高校人才培养全过程分为：招生以及专业建设（P）—人才培养过程与动态评测（D）—毕业生与用人单位反馈（C）—社会人才需求分析（A）四个阶段。针对每一届大学生人才培养的 PDCA 循环进行总结和调整，结合社会发展需求和存在问题提出新目标，把未解决的问题纳入下一届大学生人才培养的 PDCA 循环。这样，每一次大学生人才培养的 PDCA 循环都会促进高校教学质量不断提高。

数据源层通过区块链等技术跨接学校和社会，打通校内信息孤岛，获取人才培养全过程的教育数据。数据存储层根据全面质量管理持续改进（PDCA），把人才培养全过程的教育数据划分为招生以及专业建设数据系统（P）、人才培养过程与动态评测数据系统（D）、用人单位毕业生调研数据系统（C）、社会需求数据系统（A）。数据分析与挖掘层，大数据应用与服务层分别为政府教育管理部门、学校教育管理部门、教师、学生、用人单位等不同教育主体提供所需要的数据分析服务，进而为高校人才培养全面质量管理和持续质量改进提供数据支撑。

1. 招生以及专业建设数据系统

招生与专业建设数据系统为高校分析、修订和评估各个专业人才培养方案提供数据支撑。专业状态信息主要包括高校专业办学成效与社会影响、师资队伍状况、教学条件状况、依托学科状况、培养质量状况等。各学科专业在建设过程中，一方面，要根据学科专业基本理论和基础知识相对稳定的特征，保证教育教学的基本规格；另一方面，根据市场对人才的动态性、多样性要求，根据产业发展及时调整专业方向课程模块，以满足社会发展对人才提出的新要求。

2. 人才培养过程与动态评测数据系统

通过大数据来评价分析学习进程和结果，进一步改善教学方式与方法，提高教与学的效果，提升学生综合素质。学生成长测评数据系统基于新一代信息技术驱动下的人才培养过程评测，是基于教育大数据平台实现的全过程多主体评测、多元智力评测、增量性评测、发展性评测、自主评测。

教师职业发展数据系统助力教师职业发展，督促教师不断提高教学质量，形成自身的教学风格。教师及时了解学生感受和学生习得情况，掌握班级、学科的学习目标实现情况，了解班级、学科的学习进步幅度，分析教学中的不足，帮助教师及时了解教学效果，科学分析诊断问题，及时调整教学策略，提高教学效果。

高校科学管理数据分析系统采用全数据环境下的分析方法，让学院、系、课程组等各级教学单位及时掌握学生各种学习目标的实现情况，分析教育教学效果，科学诊断问题，调整教学策略和育人策略，不断优化人才培养体系、教学内容、教学方法，推动高校教学的科学化管理。

3. 用人单位毕业生调研数据系统

用人单位毕业生反馈数据分析系统联动就业单位、行业协会、学生及其家长、研究机构等人才培养和教育教学相关方共同参与，对毕业生就业质量及职业发展追踪调研数据进行分析挖掘。根据校方发展定位和人才培养特色，开展专业就业与发展评估、社会声誉与专业发展前景评估。

4. 社会需求人才数据系统

社会需求人才数据系统通过跟踪调研社会人才需求，挖掘分析岗位数量、薪资待遇、工作内容、任职资格、相关专业等内容生成职位肖像。让学生清楚了解自己所学专业毕业后能够从事哪些职业，掌握这些职位所要求的技能和规定，增加毕业生就业竞争力。社会需求动态评测系统能在提高网络信息资源利用率的基础上，为高校和学生提供教学参考，以实现高校人才培养与社会需求相对接。

（二）分析人才培养过程的质量反馈链

全面质量管理和教育质量链管理应充分考虑所有教育相关方所构成的“质量链”整体利益，保证教育质量的可靠性。

1. 就业质量反馈数据链

高校毕业生就业质量是高等学校教育教学和人才培养质量的重要反映。跟踪调研毕业后就业创业基本状况、就业竞争力和质量等信息，深入了解毕业生对本校培养教育过程及体系的评价与建议。通过建立追踪调查反馈机制，促进高等教育内涵式发展，提高教育质量，接受社会监督，使高校不断加大应用型、复合型、创新型人才培养力度，增强高校毕业生专业、学业和就业、职业、创业转换的能力。

2. 人才供需到招生计划反馈数据链

高校招生阶段需要了解社会人才供需分析和趋势分析，研究专业设置、专业预警及动态调整机制，从而制订科学的招生计划，提高学校招生录取率和报到率。

3. 社会需求到专业建设反馈数据链

应用型本科人才培养强调与社会需求相对接，并建立专业的动态调整机制。人才培养方案设计和修订阶段需要了解专业所关联行业、职业、岗位的人才数量需求、能力需求、素质需求，需要获取区域、行业、用人单位的人才需求数据。

4. 教学质量反馈数据链

基于教学过程中产生的教师行为数据和学生行为数据，主观和客观教学测量评测可以进行学习内容选择分析、线上学习行为分析、线下学习行为分析、学习状况评价与分析、在校消费行为分析等。根据学校发展定位和人才培养目标，建立教学质量监控制度，依据该制度对影响教学质量的各种因素与各个环节进行全面的监控与保障。

三、大数据时代下教育管理工作的实践

（一）大数据化时代行政教育管理工作的实践

“高校行政管理主要是高等学校为了实现学校教育工作的目标，依靠一定的机构和制度，采用一定的措施和手段，发挥管理和行政的职能，带领和引导师生员工充分利用各项资源，有效地完成学校的工作任务，实现预定目标的组织活动。”① 高校行政管理对教学和科研活动都具有辅助性的作用，是高校正常运行与发展的必不可少的部分。“行政管理作为高校管理的重要组成部分，其管理工作在信息化时代也迎来了新的挑战，如何落实行

① 王琪：《高校人力资源管理与行政改革研究》，北京工业高校出版社 2018 年版，第 125 页。

政信息化管理逐渐成为高校提高自身教育管理信息化水平的重要基础。”①

1. 建立完善的信息化教育管理平台

在当前信息化时代下，信息化管理逐渐取代传统人工管理，成为现阶段高校行政信息化管理的主要手段，但为从根本上确保行政信息化管理模式应用效益的最大化发挥，加快高校行政信息化管理平台的建设，是现阶段高校行政管理信息化建设工作的重中之重。信息管理平台的建设在一定程度上不仅能确保高校行政信息化管理工作落实到位，同时也为高校各个部门之间的沟通创建了良好平台，最终在确保沟通有效性、及时性的基础上，使教育管理系统处于创新活力的状态，以此在确保各项教育工作有效落实的同时，为预期管理目标的实现奠定良好基础。

在高校信息化教育管理平台建设过程中，为确保平台创建效益的最大化发挥，高校行政信息化管理部门工作人员在创建过程中，须始终秉承着“以学生为本”的建设思想，要站在高校学生们角度上看待管理方面的问题，以此在确保各项管理工作有效落实的同时，为高校学生营造一个适合他们的学习生活氛围，最终为预期管理工作目标的实现奠定良好基础，此外，在行政信息化管理平台构建过程中，行政管理部门还须结合高校自身情况，将网络教育活动的举办变为常态化教学内容，以此为后期高校行政信息化管理工作的开展奠定良好基础。

2. 构建信息化的行政管理人员培训机制

高校行政信息化管理工作人员作为高校行政信息化管理的执行者，其自身专业能力和信息化意识水平的高低，在一定程度上对高校行政管理信息化建设工作的开展具有重要影响，因此为从根本上确保管理信息化建设工作的顺利开展，构建科学完善的高校行政信息化管理人员培训机制，也是当前提高院校创新力、活力和竞争力的重要方法。在信息化时代背景下，为确保互联网与行政管理在创新和使用中的稳定性，高校需要从根本上提高人员选拔标准，在确保聘用工作人员无论是专业能力还是综合素养，都满足高校行政信息化管理工作有序开展需求的基础上，还需要加强专业技术人员的日常维修和调试工作能力，由此在提高教师数据运用能力和信息化意识的同时，为预期管理目标的实现奠定良好基础。除此之外，在对信息化建设人员和管理人员培训过程中，前期高校须对建设和管理人员进行信息化系统的浅表培训，后期在日常工作中对他们进行更为系统的培训，由此在帮

① 刘奎汝：《解析大数据时代高校行政管理信息化建设》，载《中外企业家》2020 年第 18 期，第 40 页。

助他们养成自主学习意识的同时，为高校行政管理信息化建设作业的顺利实施奠定良好基础。

3. 完善行政信息化管理工作的设备

高校在进行行政管理信息化建设过程中，管理工作设备的先进度对于行政信息化管理工作质量和效率也具有重要影响，因此在当前高校行政信息化建设过程中，完善高校行政信息化管理工作设备也是高校行政管理信息化建设作业的重要工作内容。由于高校行政管理部门工作人员受传统管理理念以及管理模式根深蒂固的影响，对于新事物的接受能力相对较弱，在信息化时代下虽然高校加快了信息化系统的构建，但在后期行政信息化管理过程中，仍采取较为传统的管理设备，在影响后期各项工作开展质量和效率的同时，也无法有效地确保学校机密信息安全，高校的整体发展也势必受到一定影响。

在进行高校行政管理信息化建设过程中，高校的管理者须加强对学校内部信息化的建设，与此同时，为确保管理系统在网络使用高峰期的稳定性和安全性，行政管理信息化建设过程中，工作人员还须适时地调整高校网络安全性和稳定性，在推进高校管理工作稳步进行的同时，也要保证学校机密信息的安全，此外，为促进高校各部门之间的信息共享，在进行信息管理系统设置时，还应该充分利用数据融合技术，以此来提高学校的行政管理工作效率。

总而言之，信息化时代的来临，给高校行政信息化管理工作带来新机遇，也使其面临着巨大挑战，而如何确保行政信息化水平的稳步提升，也成为现阶段高校行政管理信息化建设作业的重中之重，是提升院校创新力、活力和竞争力的重要战略基础。为此在当前信息化时代下，要想确保信息化建设作业落实到位，建立健全完善的高校信息化管理平台、构建科学完善的高校行政信息化管理人员培训机制以及完善高校行政信息化管理工作设备，是保证学校在高速发展过程中维持行政管理稳定、推进院校整体发展的重要基础和根本前提。

（二）大数据化时代教育队伍管理工作的实践

1. 教师教育管理相关能力的培养

（1）课堂管理能力培养。课堂管理是教师为了保证课堂教学的顺利进行，协调、控制课堂中各种教学因素及其关系，如人与事、时间与空间等，使之形成一个有序的整体，促进学生积极参与教学活动，从而实现预定教学目标的过程。课堂管理是课堂教学过程的重要组成部分，是开展教学活动、完成教学任务、实现教学目标的保证。课堂管理和课堂纪律的意义不能等同，课堂管理比课堂纪律意义更广泛一些。课堂管理是管理学生课堂学习的教师行为和活动；而课堂纪律则是学生行为适当的标准，这些标准蕴含在课堂活动中，表现为指向性的任务。换言之，教师采取某些方法和措施来处理学生的问题行为以减少它的存在。

课堂管理包括课堂人际关系管理、课堂环境管理、课堂纪律管理等方面，课堂人际关系的管理是对课堂中的师生关系、同伴关系的管理，包括建立良好的师生关系、确立群体规范、营造和谐的同伴关系等；课堂环境管理是对课堂中的教学环境的管理，包括物理环境的安排、社会心理环境的营造等；课堂纪律管理是课堂行为规范、准则的制定与实施、应对学生的问题行为等活动。具体内容有以下方面。

第一，课堂人际关系管理。人际关系是人与人之间在相互交往过程中所形成的比较稳定的心理关系或心理距离，它的形成与变化，取决于交往双方满足需要的程度。积极的课堂以师生之间、学生之间五项原则的人际关系为前提。课堂管理的一项重要任务就是促进师生之间、学生之间形成良好的人际关系，为有效教学创造社会性条件。

首先，师生关系。师生关系是教师和学生在教育、教学过程中结成的相互关系，包括彼此所处的地位、作用和相互对待的态度等。师生关系既受教育活动规律的制约，又是一定历史阶段社会关系的反映。师生关系中最基本的表现形式是教育关系，这也是师生关系的核心。除了正式的教育关系，师生之间还有因情感的交流而形成的心理关系。与此同时，教育作为一种特殊的社会活动，折射着社会的一般伦理规范，反映着教育活动独特的伦理矛盾，因此，师生关系也表现为一种鲜明的伦理关系。师生之间的伦理关系是在教育教学活动中，教师与学生构成一个特殊的道德共同体，各自承担一定的伦理责任，履行一定的伦理义务。良好师生关系的建立需要师生共同努力，做到互相尊重、相互理解、密切交往、互相关怀以及真诚对话。

其次，同伴关系。同伴关系是在同学之间进行交往和相互作用的基础上建立起来的心理关系，它是除教师之外的班级成员间关系的总和，包括学生个体之间的关系、班级内的学生群体之间的关系以及学生群体与个体之间的关系。根据同学之间是相互吸引还是相互排斥，可将同伴关系分为友好型、疏远型与对立型。如果想要促进学生同伴关系，可通过培养学生的交往技能、增加课堂教学交往活动、组织课外交往实践活动以及培养学生的亲社会行为等途径实现。

最后，班级群体。班级群体是由学生按照特定的目标和规范建立起来的集体。班级群体有正式群体和非正式群体之分：①正式群体是在高校行政部门、班主任或社会团体的领导下，按一定章程组成的学生群体，通常包括班委会、团支部等，负责组织开展全班性的活动；②非正式群体是在同伴交往过程中，一些学生自由结合、自发形成的小群体，其特点是人数较少，成员的性格、爱好基本一致，经常聚集在一起活动，制约性强，可塑性大。对于非正式群体的管理，教师需要清楚了解非正式群体的性质，对于积极的非正式群体给予鼓励和帮助；对于消极的非正式群体给予正确的引导和干预。

第二，课堂环境管理。课堂环境可以分为“硬环境”和“软环境”两个方面，其中，“硬环境”主要是课堂中的物理环境、如座位、光照、活动区域等；“软环境”主要是课堂中的社会心理环境，如课堂气氛、学习目标定向等。课堂环境管理包括：首先，物理环境。课堂物理环境是课堂内的温度、色彩、空间大小、座位编排方式等时空环境和物质环境；其次，心理环境管理，与物理环境相比，课堂中的社会心理环境对课堂教学的影响更大，其中，课堂气氛和课堂目标结构是最为突出的两个影响因素。

第三，课堂纪律管理。在课堂教学中，难免出现各种课堂问题行为，干扰教学活动的正常进行。有效的课堂纪律可以通过营造良好的课堂秩序、减少学生的不当行为来促进学生学习。课堂问题行为是在课堂中发生的，违反课堂规则、妨碍及干扰课堂活动的正常进行或影响教学效率的行为。课堂问题行为是教师经常遇到而又非常敏感的问题，处理不好，就会损害师生关系和破坏课堂气氛，影响教学效率。课堂问题行为可以分成人格型、行为型和情绪型三种类型。

（2）知识管理能力培养。知识管理是一个动态的系统，它通过识别、获取、开发、分解、储存、传递知识来实现知识在这一系统中的流动，不断促进知识的转化和生成，从而实现知识的连续性循环的过程。知识管理的实质在于知识的创新与共享，注重利用现存的知识进行创新，创造出新的价值，让需要知识的人很方便地利用知识。知识管理注重“做正确的事情”（结果），而不是“正确地做事情”（过程）。知识管理是以知识为中心，以人为本，强调人的价值。知识管理是通过对知识的获得、存储、应用、流通过程进行管理，提高知识本身效用的工具、手段及方法。进行知识管理的最终目的就是通过群体的协作过程创造知识、共享知识、利用知识，并将知识直接作用于提高群体效率和竞争力。“知识管理的实质便是努力创造一种有效的机制，发挥人的潜能，调动其学习的积极性和创造性，使其能力得到最快的提高，以更好地为社会创造出价值。”① 知识管理能力培养的具体内容有以下方面。

① 李燕：《新时期高校教师能力培养与专业化发展探究》，四川高校出版社 2018 年版，第 99 页。

第一，加强教师知识管理能力的训练。早在知识管理概念产生之前，教师作为传道、授业、解惑者就在或多或少地运用知识管理的方法教书育人，这种知识管理的萌芽可能处于一种无意识的状态。在知晓知识管理概念之后，教师应该把无意识变为有意识，在自己的工作和学习中自觉运用知识管理的方法和策略，加强自身知识管理能力的培养，提高工作和学习的绩效。

首先，高校教师要自觉加强个人专业知识的管理。高校教师在知识获取方面一般都具有较强的能力，他们能够从纷繁复杂的信息中，获取对自己有用的知识，但从知识管理的角度而言，高校教师除了连续不断地获取新知识外，还应该经常对自己的知识进行梳理、分类和总结，教师可以利用现代信息技术，建立个人知识电子档案，将自己获取的知识进行分类管理，以便于查找和使用。此外，还要注重将自己大量的隐性知识通过思考和归纳转化为显性知识，以促进知识的生产和创造。

其次，高校教师要有意识地在教学实践中提高个人的教育知识管理能力。教育知识管理过程中最重要的环节就是知识的有效传播，教师要在自己的教学实践中运用知识管理的有关方法、策略和技术，不仅注重向学生传授知识，还要注重学生知识管理能力的培养。教师可以组织学生利用现代信息技术工具建立学习档案，开展研究性、协作性、探究性学习，培养学生的知识获取、分析、解决问题、意义建构和知识创新的能力，使学生形成终身学习和知识管理的能力。通过这种教学相长的知识互动过程，提高教师自身的教育知识管理能力。

最后，高校教师在教学过程中要特别注重实践性知识的反思和积累。可以通过记录自己的教学过程，对教学理论和教学实践进行相互印证，记录自己的心得和感悟，反省自己的教学方法和手段，对知识传播和转化效果进行评价和反思，对特定的教学事件进行分析，等等，这种与复杂的问题情境有意识交互的反思式记录，有利于教师总结教学经验，增强实践性知识的积累，提高教育知识管理水平和教学质量。

第二，构建完善的教师学习共同体。知识只有通过共享，才能转变为集体的智慧，才能为知识创新提供更多可能。由于高校工作的特殊性，高校教师作为独立的个体拥有大量的知识，尤其是拥有对知识创新非常重要的隐性知识，但却很少与其他教师交流和共享。造成这种情况的原因主要包含：①高校现行教师组织管理体制主要是以等级管理为基础的直线式管理，教师只需要做领导安排和自己范围内的事情，无须去管不属于自己范围内的事情，更不用与同事进行协商、交流；②教师之间缺乏专门的交流渠道；③教师在思想上缺乏知识分享意识，不愿意与他人分享。解决这些问题的办法就是建立一个以教育知识共享为目标的教师学习共同体，教师们通过这个学习共同体开展团队学习，交流教学工作经验和方法，解决教学中遇到的问题，分享教学工作的心得体会。具有相同知识背景的教师还可以通过学习共同体将自己的知识、观点、技术、专长等与其他人进行沟通、交流和讨论，在个体差异性的思维碰撞中，引发更加深入和广泛的思考，促进知识进步和能力的发展。

第三，团队学习是建立在个体学习基础之上的，是个体学习的集成，有助于优化教师之间的知识配置，促进知识的增长和教育教学水平的提高。教师学习共同体建立的形式是多样化的，它可以是教师自发的（如同一个系、同一个教研室的教师自发的），也可以是学校行政部门组织的（如教务处、高教研究中心等组织的），还可以利用信息技术开展全校甚至与其他高校教师之间的交流。通过连续性的以及与工作相融的协作式团队学习，调动每个教师的潜能，提升整个教师组织的核心竞争力。

第四，创造有利于提高教师知识管理能力的条件。高校是知识创造和传播的主要阵地，教师教育知识管理能力的高低直接影响到高校乃至整个社会知识产品的数量和质量。高校的领导者必须是一个具有较高教育知识管理能力的教育家，能够意识到教育知识管理的重要性，要积极建立有效利用知识共享和创造的管理体制，支持、促进教师学习共同体的建立；努力营造一种有利于知识传播、转化、分享和创新的和谐校园文化和环境，让广大教师感觉到知识共享的良好氛围和舆论导向；制定相关的评价和激励政策，对积极开展知识共享的教师给予适时的奖励，使教师们意识到知识共享所能带来的好处远大于自己知识占有所能获得的利益，使他们自觉加入知识共享的体系中来。此外，学校还可以通过各种形式的培训活动促进教师和学生知识管理能力的共同提高。

第五，学校在提供政策及相关制度支持的同时，还需要为教师的知识共享建立完善的信息网络体系和知识库，这对于提高教师的教育知识管理能力同样是必不可少的。现代信息技术的发展为教师获取、分享知识提供了更多的机会和可能，是提高教师教育管理能力的重要工具和手段。高校应该利用自己的人才和技术优势，依托图书馆、网络中心、教育技术中心等校园信息管理机构，建设基于知识流的网络知识管理体系，将数字化图书馆、智能网络系统、教学知识库等有机结合、分布管理，可以利用概念图、思维导图等对知识进行分类整理，使之标准化、特征化，为全校师生提供一个方便、快捷的知识交流与共享平台，促进知识在学校中得到最广泛的交流，并利用知识管理、数据挖掘等技术尽可能挖掘、转化教师的隐性知识，从而提高整个教师组织和学生的知识管理能力。

总而言之，知识管理对管理者和教师而言都是新课题，在理论上和实践上都有许多问题需要研究。尽管面临着许多难题，但知识管理作为现代教师必备的能力，必须引起高校和广大教师的关注和重视。

（3）情绪管理能力培养。

第一，营造良好的心理环境。高校教师情绪管理能力的提升，离不开一个合理的管理与激励机制提供的制度保障，这是他们能够保持良好心境的重要条件。合理的管理与激励机制提供的制度保障包括：①高校应该建立健全教师考评制度体系，让高校教师能够处于一种合理公平的竞争环境当中，从根本上改变那种传统的考评方式，真正让心理需求更为旺盛的高校青年教师得到更多的心理满足感，并努力开拓更多的渠道让青年教师获得发展与表现的机会，这样才能够让高校教师群中的核心部分得到真正的发展，激发出他们的工作热情；②可适当增加教师的经济收入，为他们的工作与生活适当减轻负担；③学校应该通过各种手段来帮助高校教师，尤其是其中处于相对劣势的青年教师。

总而言之，高校可以根据青年教师的实际情况来配备一些富有经验的老教师来给予他们一定的指导与帮助，尤其是指导他们在课堂教学与科研申报方面的工作，帮助他们解决教学与科研中遇到的一些问题。学校还可以为他们提供专门的培训，并开展一些座谈会，深入了解高校教师的内心想法，真正减少他们的工作压力。此外，高校还应该开展各种形式的心理健康教育和辅导活动，多给高校教师传达一些健康有益的心理健康知识，努力为他们营造轻松愉快的工作环境，并尽可能地关心他们的感情与家庭生活，及时给予他们必要的帮助与心理安慰，切实增强他们的自信心与自尊心。

第二，提升教师的抗挫折能力。高校教师在工作与生活中必然会遇到各种各样的压力与烦恼，应学会调整自己的情绪，以积极乐观的态度面对人生的种种负面压力，尽可能地运用赞赏的目光来对待自己，尤其是在面对失败和困难的时候，要能够及时调整自己的心态，微笑面对生活中的一切困难与挫折，学会缓解和承受压力，让自己在挫折与困难中不断成熟与成长。高校教师应该及时调整自己的认知结构，建立积极且合理的信念，从而切实提升自己的抗挫折能力。在面对挫折的时候，高校教师要能够产生积极的情绪反应，以积极的心态面对挫折，克服各种绝对化、过分化以及糟糕至极化的不合理信念，提高自己的综合素养，以正确的世界观、人生观与价值观来转变情绪。

第三，学会纾解和调控情绪。高校教师在工作中，必然会遇到一些烦心事，进而产生一些烦躁、愤怒等情绪。作为教育工作者，切不可把这些负面情绪带入教学与科研当中去，而是应该及时处理这些负面情绪，学会适时调控和纾解情绪。在工作中遇到困难的时候，一旦感觉自己的情绪有可能走向消极的一面，就应该认真分析自己所处的实际状况，并找到导致负面情绪产生的原因，通过自我察觉法来对情绪实际情况进行测试。高校教师察觉自己的情绪不佳时，可以与别人进行交流与沟通，疏解自己的不良情绪，还可以通过写日记来宣泄自己的情绪。

与此同时，高校教师如果不小心进入到极端情绪状态，一定要及时意识到问题的严重性，尽量控制自己不要做出过于冲动的行为，适当地表达自己的内心想法，让极端情绪得到有效的输出，并可以转换一下个人立场，学会观察别人的情绪，从而在理解他人的基础上释放自己的极端情绪。教师还可以采取更多种宣泄和调节情绪的方式方法，让自己的负面情绪能够在合理的渠道中得到有效宣泄，如自我倾诉，也可以通过运动或休闲娱乐来转移自己的注意力，最终让自己的情绪稳定下来。

2. 对教师队伍进行精细化的管理

大数据是在信息技术革命与人类社会活动相互作用的过程中发展起来的规模巨大、种类繁多、增长速度快且潜藏巨大价值的复杂数据，不仅能够预测社会各领域的发展态势，还能够实现各行各业组织管理效益的最大化。大数据的发展离不开教育的作用，教育水平的提升更离不开大数据的有效利用，作为集人才培养、科学研究、社会服务、文化传承创新于一体的高校，将在大数据的浪潮中以参与者、促进者与推动者的身份，共同推进大数据在我国的研究与应用。高校教师作为大数据背景下“智慧教育”实施的实践主体，如何对高校师资队伍进行科学管理、实现教师队伍建设的效益最大化、提升我国高校教育教学水平，是当前教育大数据背景下亟待探究与解决的问题。

高校的荣誉不在于它的校舍和人数，而在于一代又一代教师的质量，一个学校如果想要有发展，教师一定要出色。建设出色的师资队伍，必然需要对教师队伍进行有目的、有计划、有条理的精细化管理。将大数据应用到教育领域，对高校教师队伍进行精细化管理，已是当前高校教育管理的大势所趋，但在应用过程中需要对教师数据的质量及安全进行监控与管理。教师队伍的精细化管理具体内容有以下方面。

（1）保证教师数据的质量。教育大数据与企业大数据不同，它的对象与人息息相关，其目的在于优化教师队伍，提升教育水平，数据与教学业务紧密结合，因此，对数据的粒度要求更精细、更具体。教师数据质量是对教师进行科学分析的前提和基础，数据采集错误会直接影响到教师数据的业务应用，影响到对教师的录用、考核与发展等方面的判断，因而要更加注重教师数据的完整性、规范性、准确性、一致性、唯一性与关联性。

高校在应用大数据技术对教师队伍进行精细化管理之前，要建立真实、可靠且符合标准的教师数据库：首先，在教师数据建设的初期要对数据进行整体规划，在明确各类数据信息标准化的基础上建立业务系统之间的联系，从而保证数据的精确性；其次，在管理过程中，由于教师队伍的管理具有一定的灵活性，要充分考虑到数据系统的可扩展、可配置空间，从而规范系统运行过程中对教师管理业务的订制化开发；最后，在软件设计的过程中，要考虑到后期数据的维护与更新，要对数据录入、各系统间数据传递环节中的数据质量进行标准化检验，从而确保数据的真实性、准确性与完整性。

（2）保证教师数据的安全。大数据以其海量的多元化数据及独树一帜的预测功能而被广泛应用在各行各业，但在大数据应用过程中，隐私问题越来越受到社会各界的关注，在信息化时代如何保障用户数据的安全是大数据治理过程中亟须关注的。因此，在当前社会背景下，首先，高校要保护教师的隐私，确保教师数据的安全是需要建立大数据安全管理机构，确定管理的目标与范围，并制定在实施过程中的安全管理策略；其次，管理人员的设置坚持“权责分散、不交叉重叠”的原则，如系统管理员、数据库管理员、网络管理员必须各司其职，不能相互兼任，各参与人员均须通过一定方式进行考核确定，并签署保密协议；再次，对系统的日常运行进行安全管理，如建立用户和分配权限，明确各用户权限、责任人员及授权记录，坚持“责任到人”的原则，规范系统操作流程；最后，在数据处理过程中，特别是在对重要数据的传输与存储时，一定要采用加密技术，并对重要数据进行备份，以确保数据的安全性，同时也要建立风险防范机制，建立切实可行的应急处理模式，以应对各类信息化安全事件的发生。

第二节　教育质量保障及管理体系的构成分析

一、教育质量保障的构成

（一）教育质量保障的本质

质量保障是指为使人们确信某一种产品或服务能够满足规定的质量要求提供某些实体的适当依赖程度，为保证质量所进行有计划、有组织、有系统的活动。高等教育质量保障是指特定的实体依据一套质量评估指标体系，按照一定的过程和程序，对高等教育质量进行控制、评估和审核，使高等教育培养的人才、开展的科学研究以及所进行的社会服务等一系列活动持续达到预定的目标，以保障高等教育的质量，促进高等教育发展有计划、有组织、有系统的活动过程。这里的实体是指高等教育相关机构，包括高等教育行政管理机构和高等学校。

高等教育质量保障始于20世纪80年代，发源于西方国家，高等教育质量保障因在提升高等教育质量方面发挥着重要的作用而受到世界各国的重视。在当今高等教育界，高等教育质量保障已经成为大多数国家高等教育改革与发展的主要议题，质量保障正在成为高等教育的一种制度，对高等教育质量进行监控和评估。目前，高等教育质量保障的发展主要表现在：①理论研究取得了丰硕成果，研究的范围极其广泛，有了国际性的质量保障研究成果；②世界各国纷纷进行了高等教育质量保障的实践探索，成立了各种性质的质量保障机构来保障高等教育质量；③高等教育质量保障日趋国际化，发轫于西方国家，随即波及全世界。

我国正处于高等教育大众化阶段，高等教育规模的急剧扩张引起了社会与政府对质量问题的关注。对如何有效地保障高等教育质量，我国高等教育界开始引进了高等教育质量保障的有关理论，并进行了理论与实践研究，提出了有关高等教育质量保障的新思路，对建立有效的高等教育质量管理体系进行了深入的探讨。

（二）高等教育质量保障模式

就高等教育质量保障本质而言，是政府、高校与社会为了实现其各自的价值需求而选择价值并且进行价值博弈的过程。在选择和博弈的过程中，国家权力、市场和院校自治这三种力量在不同的时空背景下的张力整合，就形成了不同的质量保障模式。在过去20年世界各国的高等教育质量保障运动中，产生了各种不同历史文化背景、受不同政治经济体制和高等教育管理体制影响、反映了不同教育价值观的保障模式。换言之，每一种模式的形成都是特定环境下高等教育质量保障主体之间博弈的结果。每一种模式都有其独特的结构与特征、优势与不足。模式变革的趋势朝多元复合型模式发展，以有效地协调多元主体的价值需求，在国家权力、市场与院校自治之间达到平衡。质量保障模式可分为抽象模式和具体模式。

1. 质量保障的抽象模式

所谓抽象模式是指根据国家、市场和院校这三种权利主体不同的作用力度和作用方式，将各种模式的特征予以抽象归纳而划分出来的模式。有学者将高等教育质量保障实践中所形成的模式分为五种，即自主型模式、控制型模式、市场型模式、合作型模式与多元复合型模式，具体的特征分析有以下方面。

（1）自主型模式。所谓自主型模式，是指政府与社会不参与高等教育质量保障活动，而由高等学校全面负责高等教育质量保障事宜的一种质量保障的制度。在自主型模式中，高校通过其内部质量保障的政策与过程，向政府和社会做出质量承诺并且赢取他们的信任。自主型模式的特点有四个。①自主性。即自主制定质量标准；自主设立质量保障机构；根据学校的发展目标和规划，自主决定质量保障的内容和侧重点；学校结合自身的传统与特色，自主选择质量保障的程序与方法；自主决定评估结果的用途。②发展性。发展性特征主要体现在质量观、质量保障目的和方法等方面。在质量观上，质量被认为是卓越的，质量没有最好，只有更好，质量是动态的、发展的；在质量保障的目的上，更加强调实质性目的，即质量的改进与提高，并且借助系统性、周期性评估手段，以实现其诊断与调节功能，发现问题，寻求改进对策，促进学校工作的不断完善；在质量保障方法上，运用自我评估、同行评估，强调内在动机的激励和自我发展。③单一性。自主型模式的单一性特征体现在质量保障主体和权利结构上，即质量保障主体的单一、权利的单一。④封闭性。由于质量保障主体及权利的单一，使得自主型模式呈现出一定的封闭性，即质量保障的政策，包括质量保障的目的、侧重点、机构的设置、程序与方法等，都由学校自主决定，并由学校组织力量加以实施，在这个质量保障过程中，外界的力量对学校的影响不大。

（2）控制型模式。所谓控制型模式，是指在高等教育质量保障活动中，国家权力起主导作用，政府机构监督高校对政策的执行情况，对高等学校实施全方位的质量控制，并且向社会做出质量承诺和担保的高等教育质量管理制度。控制型模式具有强制性、统一性和直接性的特点。

（3）市场型模式。市场型模式是指在高等教育质量保障中，市场的调节和导向起主导作用，政府、高校和学生都以市场为中介实现各自的高等教育质量需求。此外，学校可以依据评估结果向政府提出自己的要求，社会可以利用评估结果选择学校、专业和毕业生。市场型模式具有间接性、资源性和民主性以及多样性的特征。

（4）合作型模式。合作型模式是指在高等教育质量保障中，由政府和高校共同承担高等教育质量保障的责任。政府和高校基于一定的共识，通过协商达成在高等教育质量保障中的合作关系，即由高校负责其自身的内部质量保障，高等教育外部质量保障则由政府负责，这样，政府和高校共同向社会做出质量承诺，并且赢得社会的信任。由政府和高校合作、共同承担高等教育质量保障责任的合作型模式，在高校自治和绩效责任之间达到了一定程度的平衡，但是由于主导合作型模式运行的主要还是国家权力和院校的自治力量，市场机制的作用甚微，这就使得高等教育质量保障的过程复杂、程序烦琐、成本过高。因此，合作型模式具有互补性、协调性和复杂性的特征。

（5）多元复合型模式。所谓多元复合型模式，是指政府、高校和社会共同参与高等教育质量保障的管理制度。多元复合型模式不是以院校、政府或者其中任何一方的价值需求作为唯一的出发点，而是综合考虑各主体的需求，并且加以平衡，常常通过一定的协调、整合机制，使得国家权力、市场与院校自治的力量得到比较均衡的配置，从而制定出能够反映多方意志和利益的质量保障政策，并且加以实施。因此，这种模式也可以称为平衡型模式，具有多元性、自愿性与强制性统一，以及全面性与稳定性特征。多元复合型模式是一种较为理想的质量保障模式，它能够有效地协调多元主体的价值需求与价值冲突，在国家权力、市场逻辑与大学自治之间达到平衡，并且实现高等教育质量保障的实质性目的与工具性目的的统一。从世界上高等教育质量保障运动的发展历程来看，高等教育质量保障具有向此种模式靠拢的趋势。

2. 质量保障的具体模式

不同的高等教育质量观会导致不同的高等教育质量保障模式。目前，高等教育质量保障具体模式主要有 BS 5750 或 ISO 9000 模式、绩效指标模式和专家管理模式三种。

（1）BS 5750 或 ISO 9000 质量保障模式。这是西方工商管理质量保障模式在高等教育管理中的延伸。BS 5750 系列标准是“英国标准协会”为检验控制其产品质量而制定的，在 20 世纪 80 年代后期、90 年代初期被一些学者引入高等教育领域。ISO 9000 是国际标准化组织以之前的标准为基础，参考加拿大标准 CSA 2299 等标准制定的。这一模式的理念是：虽然工商界的情况与高等教育界的情况有很大的不同，但是其“满足用户需求”的基本原理，完全适用于高等教育。因此，BS 5750 标准的基本精神与质量保障程序被引入教学领域，形成了大学教学质量保障的 BS 5750 模式或 ISO 9000 模式。这一模式具有的特征包括：①源于工商界，“市场化”特征明显，以满足用户需求为根本宗旨，为基于外适性质量观的质量保障；②具有一定的外适性，但本质上还是属于校内管理，强调学校与全体员工的参与，这与大学维护自身的自主权并不相悖；③受工商界管理模式影响，关注教学过程中的所有关键活动，注重实证指标与量化要求。

（2）绩效指标模式。这是由欧盟组织研究开发的。欧盟各国对高等教育绩效指标做了大量的研究。早在 1984 年 3 月，英国副校长与校长委员会（CVCP）就提出了关于大学效益问题的研究课题。以后该委员会邀请了伯明翰大学理事会主席加雷特组成了专门委员会进行研究。在英国副校长与校长委员会、大学拨款委员会的共同努力下，英国 1986 年发布了第一套关于大学的绩效指标。在这以后，关于高等教育绩效指标的研究在英国不断出现。其中特别需要重视的是，经济合作与发展组织（OECD）在 1990 年与 1993 年先后两次发布了凯尔斯编辑的《高等教育指标的编制——欧盟十一国纲要》和《高等教育绩效指标的编制——欧盟十二国纲要》。与 BS 5750 质量保障模式不同的是，学术性要求的指标已经被放在质量保障的重要位置，从而反映出两个模式在教育价值观和质量观的分歧。

（3）专家管理模式。专家管理模式是由英国学者埃尔顿提出的。随着质量运动在英国的开展，发端于工业界的全面质量管理思想，被引入高等教育领域并且迅速用于实践，专家管理模式在这样的大背景下应运而生。全面质量管理理论认为，生产产品或者服务的质量，既不能组织外部也不能从组织的上层得以维持，它需要组织全体成员的全面参与和无私奉献，这就是全面质量管理理论的主要信条，也是大学实施专家质量保障模式的理论前提。该模式的各阶段包括：第一，大学通过日益增长的专业化，与用户协商确定其目标及标准；第二，根据学生学习环境的总体特性解释其目标与标准；第三，通过在个别教师以及学校层次上的正式自我评价程序来监督与评价学生学习环境；第四，教师的自我评价要继之以职工评价，学校的自我评价要继之以课程评价、管理评价与资源评价；第五，在合适的时候，评价结果可以作为师资培训与发展、课程设置与资源配置的依据；第六，上述程序构成了一个内部质量管理体系；通过外部质量审核或者类似的过程进行质量保障；第七，由定期的同行评价，对学生学习环境进行直接的质量评价；第八，通过可公开的质量审核与评价对“用户”负责；第九，根据质量保障过程中得到的实证材料，大学与“用户”协商重新界定其目标与标准；第十，教师得到培训与发展后，专业水平得到提高。

专家管理模式是在全面质量管理理论的基础上发展起来的，其最重要的也正在于其发展性。它从学校设立目标开始，直至促进教师的专业化，又为重新确定目标打下基础，新的质量周期又开始了。如此螺旋式地往复，达到持续保障与改进教育质量的目的。

（三）高等教育质量保障方法

从全球范围来看，在高等教育界主要有三种质量保障方法：评估、认证和审核。但是它们的定义并不是非常明晰，功能也有所重合。此外，排行榜、绩效指标、基准参照和考试、测试也可用来保障高等教育质量，但是通常将它们视为质量保障工具外，还有一些院校采用 ISO 9000 方式，例如，在澳大利亚的很多职业技术学院就采用 ISO 9000 标准与方法进行内部质量保障。

1. 评估

评估是一种评价。它的结果表现为一种等级，或为数字（如百分比或者范围更小的等级，如1~4），或为字符（如A~F），或为描述性语言（优秀、良好、满意和不满意）。评估本身并不包含质量改善的目的，而这对一个院校的发展是必要的。另外，评估更容易走向量化评价而不是质性评价。

2. 认证

认证是一个合法负责的机构或者协会对学校、学院、大学或者专业学习项目（课程）是否达到某既定资源和教育标准的公共性认定。认证通过启动性和阶段性的评估得以进行。认证过程的宗旨是提供一个公认的、对教育机构或者项目质量的专业评估，并且促进这些机构和项目不断地改进和提升质量。认证用来评价院校是否符合一定的称号或者达到一定的地位。它是国家建立质量保障系统的首要选择。这种称号或地位对于机构本身或者学生有特定的意义，如机构获得办学许可或有资格取得外部资助，学生有资格取得资助或者得到专业学位等。认证有双重目的，内容包括：①质量评估和质量改善，认证在考虑输入的同时也重视结果；②认证的结果一般表述为是或者否，但有时可以用等级分来确定结果，因此，评估和认证都有可能产生一串数字的分数。认证有时也被称为注册或者批准。一般而言，一个通过认证的高等教育机构或者项目具有的特征包括：有高等教育界认可的明确目标，具有实现目标的财力、人力和物力资源，显示出正在实现这些目标。

3. 审核

高等教育质量的审核是指在完成上述的评估、认证后的最后一部分。审核是指在一定的质量观视角下对高等教育质量进行最终评价的步骤。审核的主管部门应该是教育行政部门或者第三方评价机构。审核的部分包括对于高等教育质量认证与评价结果的功能。高等教育的质量审核过程的意义在于，它不仅仅是高等教育质量保障的最终屏障，更是高等教育质量管理体系建设的纠偏机制。因此，高等教育的质量审核需要坚持公平与公正的原则，在坚持国家法律法规的条件下，通过设立的标准进行实地考察。同时，高等教育质量的审核应建立动态的审核机制，贯穿于高等教育质量管理体系建设的整个过程。

二、教育质量管理体系的构成

（一）教育质量管理体系的本质

质量管理体系是指实施质量管理，为保证和提高质量，运用系统的原理和方法，依靠必需的组织结构，把各部门、各环节的质量管理程序、过程和资源严密组织起来，形成一个任务明确、责权协同俱进的质量管理的有机整体。高等教育质量管理体系是指与高等教育质量保障有关的基本要素互相联系、互相制约而构成的整体；是为了保证和提高高等学校在人才培养、科学研究、社会服务等方面的质量，在高等教育质量鉴定等活动的基础上出现的教育质量评价活动的深化和系统化；是指一种在高等教育内外体制性因素的支持下，通过建立相应的组织运行机制和广泛运用各种评价手段的有机整体，目的是保证高等学校维持和提高教育质量。高等教育质量管理体系可以分为内部质量管理体系与外部质量管理体系，主要包括内部引导、外部监控、激励系统和评估系统。

高等教育质量的内部管理体系负责高等学校内部的质量保障活动，主要负责高等学校内部的教学质量保障，是自我保障。高等教育质量外部管理体系主要是政府和社会的专门机构，由保障机构组织高教界同行专家与以外的专家对高等学校进行高等教育质量鉴定与评估，监督高等学校内部的质量保障。高等教育质量内部和外部管理体系两者结合起来，共同履行高等教育质量保障的功能，促进高校达到教育质量目标。我国高等教育的扩张引发了政府、社会、学校以及民众对高等教育质量的担忧，社会和民众担心高等教育急剧扩张是否会导致高等教育质量的滑坡，政府和学校则在思考用怎样的标准以及如何有效地确保高等教育质量。这是高等教育大众化阶段对教育质量形成的挑战，如何建立有效的高等教育质量管理体系成为解决这一挑战的途径。

高等教育质量管理体系在世界各国不尽相同，有些国家称之为“高等教育质量保障系统”“高等教育质量评估体系”“高等教育质量控制体系”等等。它包括教育质量保障机构和由它制定的各种评估模式与各种各样的评估指标体系以及所开展的一系列的质量保障活动。同时，还必须有一套相关的政策和法律作为实施的保证。它的中心目的是在高等教育规模发展的同时，促进各类高等教育的教育质量达到相应的水平并不断提高。就目前世界多数国家的高等教育质量管理体系而言，高等教育质量保障机构是受到了政府的支持和资助，但独立于政府的实体组织，它通过对高等学校进行质量审计与评估以激励和帮助各高等学校提高教育质量。高等教育质量保障活动以高等学校的自我评价为基础，由高等教育质量保障机构按需要组织同行专家对各所高等学校的教育质量或某些专业或课程的建设进行质量审计与评估。由于各国政府看到了高等教育在国家未来发展中无可替代的重大特殊作用，它们对本国的高等教育质量给予高度关注，把建立高等教育质量保障体系看作是高等教育改革的一个重要组成部分。

高等教育质量管理体系为国家整个高等教育系统所拥有。同时，随着高等教育的国际化，形成了国际性高等教育质量管理体系的组织网络。各国高等教育质量保障机构工作的目的是为高等学校服务，激励高等学校不断地为提高教育质量而努力，帮助其有效地提高办学质量；另外，它也有让社会公众真实地了解高等学校办学质量的责任；同时，它也是国家对高等教育质量进行宏观控制的手段。

高等教育质量管理体系建立的法律依据主要是各国现行的法律和政府及有关部门的相关政策。高等教育质量管理体系一般可分为学校外部管理体系和学校内部管理体系。外部管理体系的机构通常是全国性或地区性的专门机构，其组成成员包括高等教育界及其相关的外界专家和权威人士，他们由政府或某个作为其领导部门的行政组织或专业组织任命。这些机构的主要任务是领导、组织、实施、协调高等教育质量鉴定活动，并指导和监督高等学校内部的质量保障活动。高等学校内部教育质量管理体系的机构负责高等学校内部的质量保障活动。高等教育质量的外部和内部质量管理体系两者结合起来共同履行高等教育质量保障的功能。要鉴定或监督各高等学校的教育质量，就必须制定和不断修订、完善一整套评估模式作为进行评估的质量保障指标体系，或者称为评价或评估指标体系，以便进行实践操作。

（二）教育质量管理体系的构成要素

质量管理体系是由相互联系和相互作用的、具有特定功能的若干要素结合而成的有机整体。质量管理体系每一个要素的质量是整体质量的基础，整体质量又依赖于每个要素的质量水平。当高质量的要素通过优越的机制作用形成优化结构时，也就形成了高等教育的整体质量，这些要素主要包括：保障目标、保障主体、保障客体、保障方法以及保障实施载体。目标、学生、高校、老师、教学方式、教学资源、评估中介、支持服务、政府、社会、经费是其具体表现。这些要素构成高等教育质量管理体系的内部质量保障体系与外部质量管理体系。

1. 保障目标

保障目标是指高等教育质量保障的目的，即解决“为何保障”的问题。高等教育质量保障的目的是保障与提高高等教育质量，使高等教育满足国家与社会大众对高等教育质量越来越高的需求。高等教育质量的内涵与高等教育质量管理体系的组成决定了高等教育质量管理体系的保障目标应该定位于通过指导、监督、调控高等学校人才培养、科学研究、社会服务等工作的开展，促使高等教育最大限度地满足国家政治、经济、文化、科技等方面的需求，并把高等教育对社会经济发展、文化繁荣、科技进步等所做的贡献作为衡量的指标。高等教育质量管理体系的有效性主要看保障目标的达标程度，当各项工作的活动结果满足或超越既定目标时，这个管理体系就是有效的。保障目标主要表现为以下三种形式。

（1）官方目标。它是国家教育行政部门关于学校任务的一种正式陈述，具有规定性的特点。例如，我国的教育目的就是各级各类学校总的培养目标。此外，还有国家为各级各类学校规定的具体培养目标，这些官方目标对学校管理工作起规范、控制作用。

（2）实施目标。它是某个学校将国家所规定的官方目标结合本校具体情况付诸实施过程中所要达到的工作目标，是学校所认可的真实意向与任务，具有实践性的特点，对学校工作有直接的指引和激励作用。

（3）操作目标。它是某个学校完成学校工作任务的具体指标，通常带有明确的评价标准与评估程序，具有质、量的双重规定性和可操作性的特点，对学校工作具有评估、反馈和调控作用。明确保障目标、构建多层次的保障目标体系，是衡量高等教育质量管理体系有效性的重要指标。

2. 保障主体

保障主体是指高等教育质量保障活动的组织者和实施者，即解决“谁来保障”的问题。高等教育质量保障的主体是政府、高校和社会，包括国家、国务院各部委、各行业部门、高等教育行政管理部门、专业评价委员会、高等学校、社会评价机构、企事业单位等。多元保障主体相互配合、协调共进、形成合力、共同保障，将有利于创造良好的保障环境，切实发挥高等教育质量管理体系的功效。

高等教育质量管理体系的保障主体呈现多元化，已不是单一的主体。政府、高校与社会作为保障主体相互分工与协调，共同参与高等教育质量保障。高校这个保障主体在整个高等教育质量管理体系中处于基础地位，所以必须充分重视高等教育机构的自我评估和改进。高等教育是一种发生在高校内部的专业活动，其主体是学术人员、高校及其成员。改进与提高质量的动机是内在的，不能从外部强加，而只能被激发、被强化。而作为其他保障主体的政府与社会的保障活动，即外部评估，其作用应该是为高校自我改进与提高提供持续、稳定的支持，使高校及其成员能够在一个良好的制度环境中关注其专业活动的质量。作为高等教育质量管理体系的构成要素，高校的自我评估经济有效，能增加被评估单位的主人翁意识和责任感，提高评估后质量改进的可能性。

在高等教育质量保障中，只有当高校教师认为质量保障活动是其分内事，整个活动才可能成功。因此，各国都非常重视高校的自评，院校内部质量保障是外部质量保障的前置条件。在外部力量日益渗透到高等教育质量保障中成为保障主体的情形下，高校积极主动地建立自我管理体系，是保护学术自由、院校自治，也是向外界证明其质量与效率的一种有效手段。就高校而言，自我评估是日常的一项质量保障环节。正是通过不断的、形成性的自我检查和反省，日积月累，才能使管理体系运行起来，从而有效地促进教育质量的提高。

例如，在英国，各校均设内部质量管理体系，特别是在专业的规划、审批、保障和审查等重要环节上把住质量和标准关。多数学校既实行经常性的保障，又对各专业实行周期性的审查；同时一些学校还聘请校外督察员和学术审查员，他们都是来自其他学校或相关领域的学术专家。校外督察员的主要任务是对大学生是否达到学校的学业标准进行动态的评估，检查学校在给予学生成绩和学位时是否严格依据学校订立的标准，对学生的评价是否有效和公平。学术审查员每隔六年对大学进行一次总体的审查，查看该大学的办学标准是否保持在合适的水平。英国高等教育质量保证局的外部评估，侧重于院校审核，即对院校内部质量管理体系及其运行情况的监督与检查，以突出高校自我质量保障的基础作用。作为保障主体的政府主导高等教育质量保障的发展方向，政府将质量保障作为推进高等教育改革的工具和发展高等教育的手段。

从高等教育政策来看，高等教育质量保障的兴起，是政府改革高等教育体制、努力提高高等教育质量、促使高等教育更好地适应经济和社会发展需要、满足公众不断增长的需要等一系列政策的直接结果。政府在高等教育质量管理体系中的作用主要是通过政策指导和法律规范的方式进行的，政府很少直接组织实施质量保障活动，而是通过立法、财政、评估结果的利用等途径对质量保障活动施加影响。高等教育质量保障体系中的另一保障主体——社会，在高等教育质量保障中发挥日益重要的作用。社会通过直接参与学校管理、组织质量评价等评估活动将社会对人才培养的要求、高校毕业生的就业状况及其他有关信息直接反馈给高校，使高校及时了解、关心社会对人才培养提出的要求，保障高等教育质量沿着社会需要的方向发展。

3. 保障客体

保障客体是指高等教育质量保障活动所指向的对象，也可以说是保障的具体内容，即解决“保障哪些”的问题。高等教育质量管理体系保障的是高等教育质量，由于高等教育质量是一个很复杂的概念，具有丰富的内涵，涉及很多内容，包括学校、专业、课程、教师、学生、教学活动等高等教育所有的主要职责与活动，在实际操作中，人们把与高等教育质量有关的因素都放到一起作为保障客体加以保障。但人们对高等教育质量有着不同的理解，因此，对高等教育质量管理体系保障哪些，人们也产生了不同的认识。高等教育质量主要体现在高等教育实施机构的人才培养、科学研究、社会服务等活动过程中。在我国，由于高等学校是高等教育的主要实施机构，所以高等学校的人才培养、科学研究、社会服务等活动过程及其结果是高等教育质量保障的客体。

4. 保障方法

保障方法是指高等教育质量保障主体为促使客体达到保障目标而对其所采用的手段与措施，即解决“如何保障”的问题。高等教育质量保障方法主要有投入支持、立法约束、政策导向、制度传导、评价监督、信息反馈、激励惩戒、舆论影响等。各保障方法的有效运用和科学实施是保证高等教育质量保障活动发挥作用和实现目标的基础与前提。保障方法一般可分为内部保障和外部保障两个方面，这里的核心问题是方法和指标问题。

对于保障方法问题，政府和高校各自关心的角度并不相同，政府担心的是钱有没有充分利用到应该利用的地方，而学校担心的是外部干预侵犯学校的价值目标。关于保障指标、方法与技术，目前用得最多的是所谓的“绩效指标”。绩效指标是定量测量的工具，但高等教育质量评价需要更复杂的方法，因为整个高等教育的过程并不是全部可以采用定量测量的方法进行测量的。因地制宜，定性与定量相结合，采用多种方法测量，才能更好地保障高等教育质量。

5. 保障实施载体

保障实施载体是指能够在系统各要素之间运载有用物质、保障系统“能源供给”、保障系统有序运行的物质——信息。信息是任何系统有效运行的根本保证，是系统构成的最基本要素。通过信息的交流使系统其他构成要素有机地联系起来，共同影响系统的运行状态与运行结果。高等教育质量管理体系当然也不例外，信息同样是其各要素相互联系、相互影响的桥梁与纽带。信息就像支撑生物生命的血液一样，支持着整个管理体系的运行。通过信息的交流，保障主体不断改进、创新、选择和运用恰当的保障方法，保障与促进客体朝着既定的目标发展，最终实现目标、满足愿望。

（三）教育质量管理体系的功能

高等教育质量管理体系的功能就是高等教育质量管理体系本身所起到的作用。高等教育质量管理体系的功能问题是高等教育质量管理体系研究的基本理论问题之一。高等教育质量管理体系的内涵决定高等教育质量保障体系具有鉴定、监督、调控、导向、激励等多种功能，对高等教育起到保障作用。

1. 监督功能

教育管理部门可以通过高等学校自身或外部评审专家的质量评审报告，了解高等学校的日常教育教学活动的质量状况。最后形成的评审报告要向社会公布，政府与社会各界可根据学校的质量状况对学校做出一定的判断，并有可能采取相应的对策，进而起到监督的作用。外界对高等学校质量状况的了解和认识、学校在社会中的形象，对于学校在教育资源上的竞争力乃至于学校的生存将发挥重要的作用。因而，高等学校不能不重视自身教育质量的提高，不能不重视各种类型的教育质量保障活动，应使学校自觉地处于社会监督之下。高等学校内部也可以通过制度化的教育质量管理体系监督学校的日常教育教学活动，确保学校的各项教育工作按预定计划进行，逐步达到学校教育质量目标。

2. 鉴定功能

高等教育质量管理体系建立起来之后，高等教育管理者就可以根据质量管理体系确立的标准与目标，对高等学校的教育质量进行评鉴，从而判断高等学校培养的人才质量是否达到预定的最低标准，起到鉴定高等学校的教育质量是否达标的作用。

3. 激励功能

高等学校通过高等教育质量管理体系对自身有一个正确的评估，对学校的生存和发展进行反思，增强学校对学生、对政府和对社会的责任感，增强学校的质量意识和效益意识。学校教育教学质量评估报告的公开，促使学校关注其社会声誉，关注本校与其他学校的差距，激励高等学校不断进取、不断提高教育质量，更努力地做好教学、科研和社会服务工作。

4. 导向功能

高等学校可以通过高等教育质量管理体系，及时了解社会对高等教育结构的需求、期望以及基本评价，发现自身在满足社会需要方面存在的优点以及不足，还可以发现本校与其他学校的差距，进而引导学校明确自己的发展方向，明确自身的教育教学活动和发展目标。

第三节　大数据时代下高校教育质量的评价体系

随着大数据时代的来临，信息技术快速发展，地方高校本科教育质量评价体系建设实现技术共享，同时，在应用中更加高效、便利。如果过于依赖大数据，也会导致高校教育内容创新失去活力。高校是培养社会所需要的各种人才的摇篮，高等教育没有人才产出或缺少人才市场导向，会导致高等教育无法拥有积极、有效的评价机制，不利于其可持续发展。鉴于此，在大数据时代，高校要坚持以人为本理念，以评促管、以评促建、以评促改，提升本科教育质量评价体系的实效性。

一、大数据时代下教育质量评价体系的建设路径

近些年，我国供给侧结构性改革与产业转型升级不断推进，因此，需要以产教融合为基础，为国家培养紧缺的专业人才。在网络安全、生物医药、数字创意产业、新能源、新信息技术、航空科技、高科技农业、智能机器、高效物流等领域，高精尖人才特别紧缺，为社会培养高精尖人才是本科院校的重要职责。因此，要不断提升本科教育质量评价体系的适用性，优化质量评价方式与指标，实现以评促改，增强教育质量。

（一）构筑对接人才链、创新链、产业链的评价体系

高校人才产出质量能够衡量本科教育质量，而本科教育质量评价体系的构建，也是为了增强本科教育质量。因此，要全方位改进本科专业教育过程，构建对接人才链、创新链、产业链的专业评价体系，使评价体系与中国人才市场需求相符，提升体系的实际效能，使人才供给与市场需求能够达到长效融合。首先，要调整专业人才培养评价方案，更好地获取人才需求信息，增加人才市场信息与高校本科专业的沟通渠道，以免出现本科教育质量评价体系无法适应具体专业的问题，使人才培养达到产教融合的目的。其次，要有效连接专业人才培养创新链、产业链、人才链、教育链，在专业教育质量评价体系中设计产教融合指标。最后，要不断推进专业课程，整改管理评价，实现产教融合体系与人才评价体系的衔接。

（二）制定学科专业评价以及教师定性评价机制

在本科教育质量评价体系中，大数据应用有数据分析、检索、存储作用，但不能将评价权完全交予人工智能或信息技术智能终端。在本科教育中，教师的引导作用不可忽视，因此，要制定学科专业评价与教师定性评价的良好互动机制，提升本科教育质量体系的专业适用性，同时让教师更好地引导学生。

首先，在大数据背景下，教师要构建定性评价机制，充分体现教师的评价作用；其次，在学科专业评价与教师定性评价的基础上，可以利用信息技术管理、评价数据，增强本科教育质量评价体系的实用性，使二者实现良好互动；最后，构建高校本科教学基本状态数据库，避免教师定性评价缺少科学性与客观性，使教师定性评价能够有科学依据，便

于教师更好地监控本科教学质量及教学工作。

（三）坚持以学促教，拓宽学生参与监督评价渠道

高校在人才培养中具有自律、自主、自由等特征，是培养创新人才的良好载体。而大学崇尚平等育人、自由的环境，这与本科教育质量评价制度等级化、严格化存在冲突。为解决这一矛盾，必须坚持以学促教，构建完善的本科教育质量评价体系。

首先，可以构建大学生参与的教育评价、质量评价常态数据管理库，让大学生能够对校园软硬件环境、产教融合现状、教师授课情况、专业课程建设进行理性评价，并使其积极地参与到教育质量评价中，避免在其中掺杂报复化、情绪化动机，导致教师受到错误评判。其次，要拓展大学生参与监督与评价的渠道，使其更加多元化，同时，推动人才培养。例如，某些高校实施绿色指标评价机制，坚持以学生为中心，让大学生能够参与到课程管理、改革教育质量、评价教学内容、优化课程、科学布局、专业学科建设、本科专业教育质量评价中，实现以评促建、以学促教联动效应。

（四）创新教育质量评价体系指标内容，进行融合发展

大数据能够使本科教育质量评估、审核更加便捷，实现以评促改的目标。但是，大数据难以改变教育评价体系的指标内容。因此，高校要加强本科教育质量体系构建的灵活性，设计更加符合客观情况的科学内容，科学开展创新性评价与审核评估，创设教育质量评价体系的创新性指标内容。

首先，要不断改进教师创新性工作评价机制，充分发挥教师的园丁作用，不断提升教师的学术创新能力，更好地实现科研过程育人、学校环境育人、教师理念育人，让教师创新教学、创新科研，实现融合发展，提升本科教育质量；其次，要构建学科建设创新性评价机制，不断健全学科建设创新性评价机制，更好地满足高等教育专业需求，以学科建设实现人才培养。

（五）构建教学质量监控与制度体系，完善奖惩制度

要明确人才培养重点，树立正确的人才衡量标准，认识到要培养什么样的学生，优化与调整专业分布与设置，制订人才培养方案。依据学生自身特点，实施人才培养目标，契合时代经济发展需求。

首先，要使人才培养标准细化，在每个环节都要衡量学生的学习状况，如课程考核标

准、毕业论文质量标准、实践环节质量标准、课堂教学质量标准、师资队伍建设标准，以用人单位满意度、创新创业开展情况、毕业生就业率、学生综合素质衡量本科教育质量；其次，要构建系统、科学的规章制度，每个环节都要有章可循，完善激励奖惩制度，如教学事故认定办法、优秀毕业论文指导教师评选办法、优秀教学管理工作者评选办法、优秀教师评选办法。优化教学质量评估制度，如用人单位走访制度、同行听课、教师评选、学生评教、教学督导工作条例，使教学质量监控的执行体系可以渗透于整个教学过程，能够提升教学质量，更好地实施教学质量监控。教学质量监控执行体系包括课程教学资源条件、教学设施、师资队伍建设等不同环节的执行情况，学生的学习效果、学习风气等，以及教师的停课调课、辅导答疑、批改作业、编写教案、使用课件、教学手段与方法、师德师风。

二、大数据时代下教育质量评价体系的具体内容

传统的测评体系只能宏观整体地诠释教育情况，用于教育政策决策。然而想获得微观、个体的教育情况则需要将大数据技术应用到高校教育质量评价体系中。在大数据时代下，高校教育质量体系应当增添其他方面内容。高校教育数据每年都在成倍地增长，信息的复杂性也在逐年提升，想获得微观、个体的高校教育情况，需要将大数据技术应用到高校教育质量评价体系中。应用大数据技术可以实现对每个学生的教育质量的微观、个体化跟踪和未来发展的预测，对于可能出现问题的学生起到了及时的警告作用。

高校的教育信息数据是动态的，利用大数据技术可以将这种动态表现出来。如跟踪学生的学业情况，将学生每一时刻的学习及成果和该学生的行为模式结合起来，描述出该学生学业方面的动态过程和最后毕业时可能产生的结果。将这二者的联系用于与在校学生做出对比，预测在校学生未来学业情况。具体而言，如现在有一个学生不经常去实验室、图书馆，考试成绩不理想，他现阶段的学业情况刚好与由于学习任务未完成而影响毕业的学生的学业情况很相似，那么就可以预测出这个学生也很有可能不能毕业。这样就可以及时地提醒该学生要抓紧学习，以免影响毕业。

利用大数据技术跟踪学生的学业情况，可以及时有效地在未发生错误的情况下对学生进行提醒或警告。学生毕业之后，跟踪学生职业的发展数据，不仅仅跟踪学生到哪里就业，还要跟踪学生毕业后 10 年或 20 年的职业发展数据。这些职业发展数据要包括学生职场生涯中的每一次升职、每一次提薪和每一次跳槽。同样，数据中还应包括学生在职场中遇到的失败。例如，降职或被解雇。将描述出的学生职业发展的动态信息，与学生从入学

以来整个高校期间的教育信息联系起来，分析这两者的关系，以此为依据找到在校学生中和就业相挂钩的学生，可以提前有意识地培养这些学生，提高就业质量。对于其他学生可以起到预警的作用，使学生提前了解到自己现阶段的学习和工作方式对今后的就业可能会产生不利的影响，并给予及时的纠正或完善，提高就业率。

三、大数据挖掘技术在质量评估体系中的应用

数据挖掘是一个利用各种分析工具在海量数据中发现模型和数据之间关系的过程，这些模型和关系可以被企业用来分析风险、进行预测。数据挖掘是一门交叉性学科。数据挖掘过程经过数据收集、数据处理、数据变换、数据挖掘、模式评估、知识表示一系列的过程。该过程不是一次完成的，其中的一些步骤或整个过程都是经过数次或反复进行的。采用的算法非常多，相对比较常见的有：关联规则算法、决策树分类算法、硬聚类算法、神经网络方法方式、粗糙集方式、遗传算法、模糊论方法、可视化技术等。

（一）关联规则算法在教育质量测评体系中的应用

关联规则算法可以运用在高校的学业数据挖掘中。关联规则算法可以分析出不及格课程之间存在的紧密的相关性。具体表现为某些课程成绩同时不及格的情况下，其他一些课程成绩不及格的概率很大。关联规则算法还可以分析出一些较为基础的课程对其他课程的学习影响很大，学习多门课程对于学习好其余课程有很大的帮助。这种分析课程之间的相关性的算法对于降低学生学科不及格的概率、提高学生的课程成绩有很大帮助。

（二）决策树分类算法在教育质量测评体系中的应用

利用决策树分类理论构建高校教育质量测评决策树，实现教育质量测评定性分析。从决策树中可以看出，在具有某种优势的群体中，具有另一种优势的人占很大比例，这样可以推断出具有前一种优势的人，一般都具有后一种优势。利用决策树分类算法可以分析出不同性质就业方向的高校一般具有的优势。这样可以根据分析结果提前对在校学生就业的适合度进行大体上的判断。决策树分类算法为学生规划毕业后的发展方向，提供有力的辅助决策作用。

（三）硬聚类算法在教育质量测评体系中的应用

采用硬聚类算法的聚类挖掘能分析出某一群体的行为特征。应用在高校教育质量测评

体系中，可以分析出现学业警告或就业困难的学生群体的行为特征，以及学业方面有较大成果或就业质量较好的学生群体的行为特征。利用这些行为特征能够预测校学生的未来发展趋势，对于可能会出现学业警告或就业困难的学生可以起到预警作用，而对于未来发展可能比较好的学生，学校可以提前有意识地培养。

第四节　大数据时代下高校教育质量管理的创新研究

一、信息化平台在教育质量管理中的创新

信息化质量管理平台建设是支持高等院校进行全员、全过程、全方位质量管理的必要手段，运用大数据分析进行质量数据的关联、共享、预警、诊断与质量报告，将推动全面质量控制的进程和实效。以教学过程管理系统——数字化教学改革平台为例，该平台可实时监控教师课前、课中、课后教学过程的状态，记录教学过程产生的数据，分析每位教师的教学工作量和每门课程的教学进度，用大数据分析和指导教学，监控教学实施和教学质量。

首先，备课环节教师可通过网上在线答题的方式，根据大数据进行学情分析和教材分析，建立相应课程的电子书，填写每节课的教学目标、教学重点和难点、教学方法与手段、教学资源、教学引导及课程标准和教案；其次，课前准备和课后巩固阶段可通过下发作业、资源，引导学生自主学习相关内容，使学生明确学习目的及学习重点和难点，同时教师可以通过大数据掌握学生课下自学情况；最后，教师在课中可使用平台进行学生考勤和签到管理，给学生发送互动题目，随机提问，还可开展答疑讨论、头脑风暴，并给学生发送课堂测试作业，系统可即时生成答题情况及分数，做到过程性考核评价。同时学生也可给教师进行点赞或对教师授课过程进行评价，教师可根据学生的反馈及时调整教学策略和方式，提高课堂教学效果和效率。

教学改革平台既实现了学生课前课后的碎片化学习，又做到了线上线下教学和学习的有机结合，学生可随时随地学习并与教师进行线上互动，做到课前和课上都在线上进行学习。系统能详细地记录教师教学情况及学生学习情况的各项轨迹数据，并通过数据分析学生学习内容的掌握情况。

二、创建新平台在教育质量管理中的应用

（一）创建全新的沟通交流新平台

第一，创建平台可以实现学生和学生之间的沟通交流。通过这些平台，学生可以扩展自身的人际圈，和身边的同学随时联系。他们还可以在平台上发表自己的看法、见解及心情状态，在不断发布和回复中完成和朋友圈的互动，维系彼此的情感，加深彼此的感情和联系。

第二，创建平台可以实现教师和学生之间的沟通交流。教师通过平台和学生实时交流，随时随地解决学生的问题，并在沟通交流中加深彼此的感情。此外，教师可以通过学生一段时期在公众平台上的关注点了解学生的兴趣，并通过这些信息制订贴近学生需求的授课计划和学期规划。教师还可以通过学生这段时间在新媒体平台上发布的心情和状态观察学生的心理动向，及时了解学生的心理状态，并对有问题的学生及时进行心理疏导。

第三，创建平台还可以创新性地实现学校和家长之间的沟通。学校可以通过微信公众号发布学校新近的政策和教学动态，满足家长对学生和学校生活的关注。此外，还可以通过相关微信群实现家长和学校、家长和家长之间的沟通交流，更好地促进学生的成长。

（二）创建统一管理的新平台

随着新媒体在学校内部的普及，各部门纷纷参与其中，建立新平台，用以人员管理和信息发布。在高校日常管理中，无论是社团、党团组织、班级，还是学习小组和宿舍，都可以通过新媒体建立属于自己的管理平台。这种全新的管理办法突破了以往以会议和面对面信息传达为主的管理方式，实现了随时随地的信息发布和有针对性的管理。

（三）创建校园舆论的风向标

在信息的时代，高校学生极易接受各类外界信息，并积极参与其中。但在许多重大事件的讨论中，许多学生因为个人阅历及个人情绪限制，看问题较为片面和极端。因此，在微信公众号等新媒体平台建设上，学校应发挥舆论导向功能，通过新媒体平台及时关注学生的思想动向，并在重大事件和突发事件来临时，正确应对网络舆情、安抚学生情绪，避免群体性事件发生。

大数据时代，数据信息是更及时、更快速的信息，是对学生知识学习和技能掌握的数

据统计，相较于能力测试而言能更准确地反映学生学习的真实状况，更有利于进行教学水平的整体提升、教学方式的转变和教育评价体系的构建。高校构建信息化平台，能够为学生提供交流和沟通的渠道和平台，同时也能及时收集学生的真实数据，为学校的教育质量管理提供分析数据。通过这一平台还可以辅助进行学校的教育教学管理。如今，将微信群等公众平台纳入高校教育管理的视野，利用新媒体切入学生生活，已成为高校教育质量管理体系中的重要组成部分，也成为高校教育质量管理的重要方式。这类数据平台的构建和利用，一方面，可以和学生及时沟通，及时处理突发事件；另一方面，由于新媒体引入高校教育的时间较短，存在着内容更新不及时、内容单一等问题。

第四章 大数据时代下的高校创业教育管理信息化

第一节 教育信息化对高校创业的影响

一、教育信息化对高校创业主客体的影响

“在大数据环境的影响下，高校教育管理工作的开展发生了巨大的变化，在教育管理实践中高度重视信息化建设，力求通过教育管理信息化创新，促进高校教育管理水平不断提升。”①

第一，信息时代背景下的高校创业教育，可以建立教师和受教育者之间的对等协调关系，使高校创业教育更有特色、企业家精神培养效果更加突出，为创业教育和创业文化的学院和大学提供良好的教育氛围和环境；信息时代揭示人与人之间的平等性，有利于建立教师和受教育者之间的良性对等关系，从而形成一种和谐的教育关系，为高校创业教育和创业精神培养创造适合人才发展的人文环境和氛围。信息时代增强了师生之间的互动和沟通，也使受教育者感受到公平的受教育乐趣，通过信息化交流把个人难以启齿的想法，通过短信、微信、微博、QQ 等形式与他人进行交流和沟通，从而使不良情绪、心理困惑得到发泄，有利于高校创业教育者抓住受教育者的思想动态，及时进行情绪疏导、意识形态指引和心理预防等，使高校创业教育效果更加明显。

第二，信息时代背景下的高校创业教育，有利于提高学生创新精神培养的效率。在信息时代，教师和学生是站在平等地位探讨问题，把从虚拟空间中获取的信息相互交流、沟通，毫不保留地奉献给对方，既增加了受教育者的主动性，又加强了师生之间的情谊。信

① 王调江：《大数据环境下高校教育管理信息化创新思考》，载《创新创业理论研究与实践》2021 年第 4 卷第 22 期，第 154 页。

息时代获取各种信息的流量逐步超过任何时期，为高校进行创业教育提供了便利条件，也为高校提高工作效率奠定了良好的基础。信息时代，在一定程度上避免了国家的方针、政策在传播时拖延，减轻了高校创业教育和企业家精神培养的负担，增强了高校创业教育和创业精神培养的时效性，真正提高了高校创业教育和创业精神培养的效率，使高校创业教育节省了大量的人力与物力。

二、教育信息化对高校创业介质的影响

在信息时代背景下，由于时空限制，人们在长期生活、工作中形成以标准的思维方式判断“真与假”“是与非”，而创业教育和创业精神培养作为一项教育创新实践活动在高校中生存和发展，也形成与之相对应的学科模式。信息时代是一种交互式的、三维动态的、创造性的和个性化很强的时代，拓展了人们的思维方式，开阔了高校创业教育和创业精神培养学科思维的视野，促使人们从封闭向开放发展、从静态向动态迈进，在激活人的创造性思维的同时，为高校创业教育和创业精神培养提供了展示大学生风采的广阔天地。

三、教育信息化对高校创业环境的影响

信息时代对高校创业教育环境的积极影响：信息时代给人们带来了更多的开放性选择和自由，高校创业教育和创业精神的培养，使学生能够相对自觉地接受高校创业教育。

在进入信息时代之前，人们主要是通过图书、期刊、广播等获取信息；进入信息时代后，各种信息在网络上传播，拓宽人们的视野。高校创业教育和创业精神培养系统化数据与非高校创业教育和创业精神培养的系统化数据共同存在，使高校创业教育和创业精神培养的生存环境变得复杂，对创业教育思想及创业精神的传播造成一定困扰。互联网嵌入和创业平台对创业路径均呈现出显著的正相关关系，其中创业平台在互联网嵌入对创业路径的影响中呈现中介效应。因此，要从创业教育的内容和形式上积极构建互联网技术和创业平台一体化，提升对大学生创业路径的积极引导，促进他们在“互联网+”背景下深入开展创业实践。

（一）丰富创业教育，植入互联网思维

互联网植入与创业路径有关，大学生上网的频率越高、时间越长，可能接触到的创业资源和创业机会就越多，其获得感更强。因此，要将互联网技术的运用融入日常的课程教学中，丰富创业教育内容，加强大学生与互联网的联系。加强互联网技术在专业领域的广

泛应用和指导，分类建立专业创业导师资源库和课程包，积极探索与互联网企业开展的校企合作、人才培养、项目攻关和成果转化。大力推进网络创业培训、建设创新创业学院、开设网络创业课程等，引导和帮助更多的大学生投身创新创业行列中。

（二）优化创业体系，持续投入硬件软件

创业平台与创业路径作用相关，可持续的创业路径必然要在创业平台形式和内容上进行持续投入。高校要从硬件上整合资源，利用互联网技术建设和完善大学生创业平台，调动闲置的互联网资源来帮助学生创业；软件上要完善服务模式，落实各项创业政策，实现创业便利化，制定实施细则，加大政策宣传解读力度，提升政策知晓率，获得感和便利度。另外，要推出创业终身教育，实现创业连续性和可持续性。此外，创业平台自身要加强功能完善和服务优化，积极实施“走出去，引进来”的发展战略，协同同类院校共建、共享创业平台，引入优秀项目，实现资源共享。

（三）深化创业实践，扶持大学生创业

在互联网环境下，创业平台对创业路径的影响具有重要的中介效应。在大学生创业过程中，高校和政府应加大对创业实践活动在创业平台的引导和推动，充分发挥创业平台对大学生创业的中介调节作用。为此，应在教育过程中加强对创业平台的宣传，让学生了解创业平台，引导大学生积极参与各类创业平台活动，让大学生在实践中选择创业模式，在选择中确定创业路径，实现对学生“创业路径”的靶向培育。还要完善大学生创业平台功能，大力支持大学生创业，为大学生成长进步、施展才华、发挥作用创造更好的平台环境，进一步深化创新创业教育改革。

第二节　高校创业教育管理信息化体系的构建

一、高校创业教育管理信息化体系的构建原则和特性

（一）高校创业教育信息化体系的相关构建原则

第一，主体性原则。在创业教育模式中，学生具有主体作用。主体性原则需要教师在

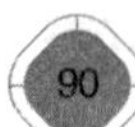

教学中以学生为主体，给学生一定的学习空间，因材施教，不断发掘不同学生身上的闪光点，让每个学生的自身优势获得发展，并促进学生自我发展意识的强化。

第二，创新性原则。当今社会，对于每一个人的创新性都提出了更高要求。具有创造力的人更能够适应当今社会的需要，也能够让学习和生活变得更有意义。因此，创新教育旨在通过对学生不断引导，培养学生在生活和学习各个方面的创新精神。创业教育也必须注重创新精神的培养，在激发创造力的同时，为创业奠定坚实基础。

第三，差异化原则。差异化存在于每一个学生个体之间，个性化的教育能够在创业教育中充分体现出来，根据个性化特点，知晓学生个体发展中存在的差异性，让大学生能够认清自我，同时充分了解自己的个性特点，以便进行自我选择。高校则需要不断地与学生交流，了解学生关于自主创业的想法，再根据不同的专业背景以及不同的个人兴趣，开展相应的创业教育活动。

第四，全面性原则。全面性体现在创业教育的目标以及各个环节。创业教学有相应的教学目标和原则，在其指导下的创业教育模式，能够把教学方法、教学内容以及教学成果等结合起来，该模式也需要出现在创业教育的每个环节中，比如对教育目标的设定、创建教育模式的原则、教学的结构与内容安排、教学对象等，都应该存在于该模式中，体现出创业教育的全面性原则。

第五，实践性原则。实践在所有的教育中都是十分重要的环节，在创业教育中也不例外。相较于其他环节，实践环节在该模式中更为重要。因为创业教育必须结合实际，要求进行创业教育的教师也需要具备相应的实践创业经验，通过教学实践特点，教师可以鼓励学生积极参加创业活动，在实践中不断提高自己的创业能力。

（二）高校创业教育信息化体系的基本构建特性

第一，丰富性。在信息时代，因为互联网的发展，教师可以通过在线课程弥补传统课程教学带来的缺陷，极大地丰富了教学内容；高校则通过丰富的课程资源，为具有不同兴趣的学生创造出创业教育的相应课程，不仅能够针对每一个学生的兴趣爱好开展有方向性的培养，也能够提升创业课程的丰富程度，让创业课程的在线教育模式发挥优势。同时，增加讲座等课程，通过与互联网的结合，为学生提供更加丰富多彩的创业活动。

第二，灵活性。创业教育具有一定的灵活性，而信息时代则能够为创业教育提供便利的条件，通过区别于传统课堂的授课模式，创业教育的在线课程成为其核心内容。由于不同于传统课堂，教师授课时不能及时对上课纪律进行管理，因此对创业教育的课程内容提出了更高要求。授课内容需要能够引起学生的兴趣，让他们不在环境监督下，也能喜爱课堂内容。这种兴趣还体现出创业课程的灵活性，学生可以根据兴趣爱好，找到相应的教学内容以及授课教师。这种灵活的自我选择，能够真正做到让学生自主决定创业方向，根据个人的薄弱环节，做到按需学习。

第三，实践性。创业教育在某种程度上来讲，也是一种实践教育。因为在高校的教育培养中，对于有关创业教育理论知识的教学不能止步于理论，更要注重实践性。高校可以与可提供实践场地的政府、企业等多方进行合作交流，达成可供学生实践交流的深度合作。另外，传统教育在创业方面组织开展的比赛和讲座，也可以申请相关政府部门进行资金上的支持，或与相关企业搭建教育实践基地，多方培养专业化人才，在提升高校大学生创业实践能力的同时，也能够为社会提供更高质量的创业人才。

二、高校创业教育管理信息化体系构建的具体流程

（一）建设高校创业教育信息化理念

高校创业教育模式中的任何一个环节，都有着统一的教育目标，是为了更好地实现创业教育理念。在进行该模式教育的同时，需要先确保树立起正确的、科学的教育理念，为培养高素质的创业人才而努力。目前的传统教育模式不能很好地激发创业热情，如果不及时调整，适应互联网背景，会增加大学生的就业压力。具体有以下方面。

第一，高校应该在创业教育模式中树立起正确的教育理念，通过树立正确意识，制定目标和分阶段目标。新的模式也对教师和学生的新观念提出了新的要求，要求教师在注重对学生创业观念的培养中，将创业教育最重要的理念植入教学中，使大学生的综合素质实力不断增强。

第二，总目标和分层目标能够更好地帮助高校有效、有目的地实施创业教育。高校需要明确创业人才培养目的，总体目标能够确定创业教育的走向。同时，需要围绕创业人才的培养理念和素质教育的理念进行实践。与传统的教育模式相比，创业教育存在特殊性，但是教育理念与对人才的培养都与高校其他专业相一致。因此，创业教育必须注重人才培养模式的融入，使得大学生能够在新的模式下适应社会经济变化，也能够适应互联网时代变化。

总而言之，高校设立创业教育并不是让所有的大学生都学会创业、管理和经营属于自己的一家公司，创业教育想要达到的目的是能够提升大学生的综合素质能力，让他们在今

后的职业工作岗位选择中拥有更多的选择权。

（二）层次化高校创业教育信息化目标

根据以上的总目标，对应当今高校大学生的信息时代要求，将阶段目标分为三个层次，具体内容有以下方面。

第一个分层的目标：高校创业教育主要和基本的目标是要把学生培养成为有创业素质的公民，这是具有普世性的一个目标。对此，要求学生了解创业教育理念以及精神，通过学校的专业教育和对创业教育的培养，让高校人才体系变得更加全面，并且能够让社会拥有一批符合未来发展趋势的人才。

第二个分层的目标：针对具有创业潜质的大学生，有望通过创业教育传授专业理论知识以及相关的技能培训。通过对心理状态的健康性培养，让大学生在激烈的竞争就业压力下，从找工作变为创造岗位，不仅让自己拥有事业，还能创造就业机会，为社会缓解就业压力。

第三个分层的目标：有一些在高校就具备创业能力的学生，具有创业基本能力，如清晰的逻辑思维、敏锐的市场把控力、高效的组织协调能力和对待创业坚持不懈的品格等。针对这批学生，高校可以着重设立创业实践相关项目，争取把他们培养成一批具有潜力和社会责任感的创业者。

（三）建设高校创业教育信息化师资队伍

师资力量对于创业教育而言十分重要，不仅是成功开展创业教育的坚实基础，也是创业教育方面最重要的力量源泉。开展创业教育时，可以采用教师的选拔或者在社会中聘请优秀的、可作为兼职教师的创业家，定期对学生进行创业教育相关培训课程，通过外援力量，加强师资队伍的专业性。高校如果要成功开展创业教育，必须建立一支既具有专业知识理论，也具有优秀实践创业经验并受过专业培训、能够担任合格教师的师资队伍。

第一，高校要确保创业教育方面的教师质量，采用专业严格的招聘管理机制，聘用适当的专业人才，在课堂教学中让学生掌握专业的理论知识。

第二，高校可以借助互联网技术，聘用在线课堂的专业教师。这些教师可以是有创业经验的人，同时需要具有基本的教育能力。他们可以担任部分选修课的教师，也能够担任学校开办创业主题讲座的专家，为学生拓展课堂之外更多有关创业方面的知识和眼界。

第三，高校可以与社会各个方面的人才进行合作，组成具有实践经验和管理经验的兼职师资队伍。他们可以是成功的企业家、投资家、咨询师或者是创业理论方面的专家和管理者等，能够更好地与校内的教师团队相结合，组成一支理论知识强，又有丰富的创业经验和能力的师资团队。兼职教师队伍能够就学生课堂之外的创业主题开展讲座，并完成部分选修课的授课，让学生除了掌握理论创业知识，还能够得到更加丰富的实践指导。

（四）建设高校创业教育信息化课程体系

在网络技术和信息技术普及的背景下，高校创业教育需要因势而变。这一变化具体体现在课程体系中，包含学科和实践两大部分。其中，学科课程主要学习基本的科学文化知识，有关创业的相关知识也要贯穿其中，为学生的创业奠定坚实的专业理论知识。学科课程在教学中，一般以必修和选修的形式存在。

1. 必修课教学

必修课是高校学生在校期间必须修习的课程，一般以课堂教学的方式存在，是每个大学生必须学习的内容。创业教育必修课以传授创业知识、塑造创业健康心理、提升创业者素质、培养创业意识为目标，要求每个大学生必须学习，通常包括公共课、基础课和专业课。课程开设主要有以下四个方向。

（1）创业意识课程。在当前鼓励“双创”的社会环境下，大学生创业热情日渐高涨，创业是实现个人人生价值的重要途径。然而，并不是每个人都是天生的创业者，大学生的创业更需要正确引导。高校要为大学生开设相关课程，让他们尽早确定自己的职业发展路径。对有兴趣创业的大学生，可以重点培养，鼓励他们继续深入学习和研究；对犹豫不定者，可以进行创业意识、创业兴趣、创业困境和个人职业观等有指向性的培养。要注重培养大学生如商机挖掘、风险估计与预防、投入与成本等方面的意识，培养他们的创新精神、集体荣誉感、社会责任感等，形成对“创业”全面、科学、清晰的认识。

（2）创业心理学课程。健康积极的心理素质是创业者必备条件之一，其特质包括认真负责的态度、稳定平和的心态、不懈追求的精神、吃苦抗压的耐力，以及团队协作、处理突发状况等能力。除此之外，还需要大学生创业者有民族自豪感；要热爱祖国、热爱生活、热爱事业；要养成终身学习的习惯；要培养家庭责任感，也要爱护亲朋。创业心理学课程会全方位地培养和提高大学生以上各方面素质，在此基础上，还会对有自卑、依赖或者其他存在明显性格缺陷的大学生给予特殊帮助，帮助他们克服心理障碍，完善他们成为未来创业者所应具备的心理特质。

（3）创业基础课程。创业教育除了要学习专业知识之外，还要学习包含《公共英语》

《计算机概论》《思想道德修养与法律基础》《中国近代史纲要》等内容的公共课。基础课是高校在进行课程设计时，依据专业特点设置的有针对性的课程，一般将与创业有关的知识融入基础课程中，如经济学、管理学、财务管理、计算机技术、法律法规等。

（4）创业素质课程。创业素质课程有别于创业心理学课程，前者可以通过后天强化训练获得，相同点都是大学生创业者必备的素质。在创业素质课程中，高校需要针对创业需要的品质或素养设置一系列课程，在课程教授过程中，创业规划时大学生可以参照对标、查漏补缺，对自身如自信、自立、自强等品质方面进行培养和提升。

2. 选修课教学

创业教育选修课是专门为有明确创业意向的学生所开设，是必修课的延展和深化，是大学生进一步掌握创业知识的重要途径。选修课以提高大学生在创业实践中的分析和解决问题的能力为目标，不同基础的学生可以根据自身优势和兴趣，自由选择需要修习的课程。选修课为大学生的个性发展提供了多种可能性，同时对高校教学方案、硬软件设施等提出了更高要求。全方位、多层次、多样化的课程会促使不同创业需求的学生学习，还可以将现代智能设备引入创业课堂中，通过线上与线下课程相结合的方式，打破时空限制，从而达到最佳的学习效果。面对有明确创业意向的大学生，学校除了为他们提供充足的校内资源和机会之外，还可以通过互联网调配资源，以开放式网课的形式服务大学生。为此，高校可以开设以下选修课。

（1）创业技能课。创业技能课主要以解决创业过程中的实际问题为目标，一般包括生产过程中需要的商机洞察力、品牌打造力、资源调配力、网络技术等，经营过程中需要的财务管理、数据运营、整合人力与物力资源的能力、学习能力等实用技能。同时，选修课要因专业而设，专业不同，选修课选择的范围也应该不同，学生可以根据个人兴趣和爱好，自主选择课程。

（2）创业指导课。创业指导课是从宏观上提高大学生素养的课程，与传统就业指导课紧密联系，高校可将两者结合，渗透到整个大学生活中。创业指导课的开展形式灵活多样，线上或者线下课程均可采用，网课和课堂教学也可以结合开设。除此之外，高校创业教育课程体系中的实践课也不容小觑。因为创业教育与专业教育不同，创业教育主要以大学生亲身参加创业过程、提高创业竞争力为目标，以实践性强为主要特征。创业教育模式的方式之一是实践课程，具体包括以下两个方面。

第一，模拟实践。大学生在虚拟空间中利用现代模拟技术，虚拟自己的创业项目或者公司，在互联网的环境下感受商业运营、项目实施过程等。在模拟实践过程中，大学生要参与选择项目、筹备资金、确定团队、市场开发、协调资源、日常运营等环节，全方位、立体化地体会创业全流程。

第二，创业实践。高校利用学校实验室、实践基地、孵化基地、校企合作平台等开展创业实践课程。在实践课程学习中，学生将理论知识融会贯通后加以应用，不仅可以深化理论知识的学习，还可以更真实地体验创业过程，感受创业实践带来的价值感。

（五）建设高校创业教育信息化课堂教学

时代变迁，信息技术普及背景下的高校创业教育也应当与时俱进，具体体现在课堂教学方式的转变和教学管理体制的完善等方面。

第一，在创业课堂教学中，要改变以教师教为中心的传统模式。在课程实施中，教师应该给学生以表现和发展的空间，将学生放在主体地位，让他们做课堂的主人；要注意创设良好的师生交流互动氛围，以此激发学生的创造力、创新力；学生则应该以创新学习为追求目标，主动出击，学会如何学习，关注如何达到最佳学习效果等问题。

第二，在管理体制方面，要改变传统以成绩论成败的单一评价标准。高校要为学生制定多形式、多层次、多方位的考核机制，要在创业教育中体现互联网思维，全面、客观地评价学生在线上课程中的表现。综合实践课是学生综合素质的表现，学生的商业思维、市场敏感度、社会责任感、解决实际问题的能力、对实践项目的完成度等，都应该是考核的维度。因此，高校创业教育信息化课堂的管理体制要不断转变、不断完善。

（六）建设高校创业教育信息化环境

创业教育信息化需要在一定的“土壤”中成长，高校要为其不断发展和完善创造优良、和谐的校内外环境。

第一，在高校内，高校可以主持举办创业大赛、创业主题活动、网络创业大赛等。除了开设创业教育的线上和线下课，还需要将创业教育工作纳入学校日常工作中，如设立专门的创业咨询服务、搭建优质的创业平台、指导制定创业教育实施办法、牵头举办创业活动、监督创业教育教学等，协调各种创业资源，实现创业教育最优的发展路径。

第二，在高校外，高校要尽可能与实力雄厚的企业达成合作，将学生的实践活动搬到真实的企业生产线上，让学生全面、深入地了解企业生产和经营流程，使他们的实践活动更有效，这也是高校创业教育模式转变的重要方式。

总而言之，和谐、优良、有创造性的校内外环境，有利于大学生创业思维的发展。对

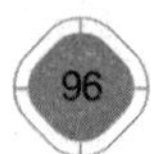

此，高校应当承担起应尽的责任，为大学生营造创业氛围，保障创业教育的顺利实施。

（七）协同高校创业教育“四要素”合作

高校创业教育以大学生为核心，需要多方协作完成，具体应包括政府部门、社会组织或企业、孵化或实践基地与高校自身。其中，政府部门需要从顶层政策制定和资金支持方面着力；社会组织或企业应该利用现有资源，为大学生提供创业实践场所、创业实践先进事迹分享、商业运营的资源等，助力大学生走向真实的职场；孵化或实践基地是创业知识在校外运用的重要场所，在实际场地中，大学生会将创业知识与实践相结合，达到理论与实践的融会贯通；高校则是大学生主要的学习场所，有关创业的基础知识、技能等都来自高校。

总而言之，高校创业教育需要在“五大建设”的共同推进中不断完善，政府部门、社会组织或企业、孵化或实践基地、高校“四大因素”都是不可或缺的，四者只有相互协调、有机结合、友好合作，才能共同促进高校创业教育模式的创新进程。

三、高校创业教育管理信息化体系的推行方法

（一）改善创业教育的宏观环境

“双创”① 环境下，政府、社会以及高校都更加鼓励大学生创业。在孵化基地实践的大学生可以等同于参加创业学习，其参与孵化基地实践的时间，可按照相关规定转化为创业教育的学分。如大学生想保留学籍创业，高校可允许其调整学业进程，按照规定给予学生一定的休学时长，实行弹性学制。要推动高校关于创业基础、创业指导等课程的开展，应设立专项基金，保障创业教育课程的实施。

国家大力支持“双创”，在政策制定上体现出对大学生创业的支持。越来越多的政策、文件出台，以文本形式将创业教育的权利固定下来，为高校创业教育奠定牢固的政治基础，同时也是创业教育其他环节实施的重要保障。因此，高校应当行动起来，将国家、政府的政策落到实处，渗透到大学生的日常学习中，激发他们内在的创业热情与欲望。与此同时，有关创业教育的政策也应当随着经济、社会的发展而不断完善，这也是时代信息发展对创业教育提出的内在要求。

---

① 双创一般指大众创业，万众创新。

（二）学校领导重视顶层的设计

高校是创业教育工作实施的核心组织，作为高校领导，要认识到创业教育的重要性，要从顶层设计上重视起来。在具体工作中，建议设立校级的创业教育管理部门，由学校总负责，主持学校教学、教研、财务、设备等实务，实行个人负责制，各院系教学、科研、学工部、党团委等部门都加入，齐心协力支持大学生创业教育。

在实施过程中，学校主管领导负责定总方案，具体工作要监督分管负责人落实，创业教学教师和教务管理人员要各司其职，有创业意向的大学生要积极参与。由此形成自上而下的创业管理机制、全方位的监督机制，进而推进高校创业教育总体向前发展。

（三）增加创业教育经费的投入

高校创业教育要顺利开展，必须保证充足的经费投入，具体包括政府拨款、企业或社会组织赞助、个人出资或高校专项基金等。资金投入以保障大学生创业教育、创业计划的顺利实施为目标，具体用于高校开展创业大赛、创业活动，孵化基地运营经费投入、大学生创业项目支持等。只有在各方经费的投资前提下，高校大学生才能在创业实践中实施自己的创业计划，如参与孵化基地活动、高校创业大赛、进行市场调查、创业培训、项目实施等一系列工作。值得重视的是，为了创业教育的顺利开展，要将创业经费的使用限定在高校监管范围内，如设立专门的基金管理处等。

社会各界和学校为大学生创业提供的资金帮助是善意的，如何避免经费滥用、如何让更少的钱发挥出最大的功效尤其重要。对此，需要高校拓宽思路，优化资金配置，让更多的大学生受益。有创业意向的大学生和高校还可以主动出击，依托机构推广他们的创业项目，让项目与企业生产无缝衔接，从源头上拉动大学生创业链条。

（四）借助社会资源为创业教育提供服务

大学生是未来社会发展的中坚力量，政府、社会各界、高校应该盘活各种资源，为大学生创业提供支持和服务。例如，高校可以和企业合作，为学生提供创业的实践活动和场所；企业可以将大学生的就业与企业的人才招聘对接，提前培养大学生的社会实践能力、职场适应能力等。与此同时，高校还应当主动承担起保障大学生合法权益的责任，主动与社会保障等相关部门协调，为大学生创业开通绿色通道，并且构建完备的服务体系，让有志于创业的大学生能够得到及时、专业、全面的指导。

总而言之，只有在各方共同努力下，高校创业教育才能顺利开展，大学生的创业之路才会顺畅，社会发展才可以迈向更高的台阶。

四、就业信息化下高校创业教育的创新路径

（一）营造良好的创业环境氛围

目前我国高校的创业氛围并不是很浓厚，出现这种现象的主要原因为高校的创业教育主要以理论传授为主，不注重对创业氛围营造，进而导致我国大学毕业生就业依旧以受雇为主，导致社会就业形势越来越严峻。因此，高校在开展创业教育的过程中，必须注重对创业氛围的营造，这样有助于激发大学生创业意识，培养大学生企业家精神。

第一，高校需要结合自身实际情况以及目前就业形势，构建“产、学、研”一体化的创业教育模式，并为学生提供创业实践基地，以此来强化创业教育的实践环节，增强创业教育的感召力和说服力，进而在校内形成浓厚的创业氛围。

第二，高校需要借助现代化信息技术，扩大对创业教育的宣传途径，例如，在学校官网以及论坛中及时发布有关创业教育课程、创业项目、投融资等信息，以此来让更多的学生了解创业，并参与到自主创业的行列当中。

第三，高校需要引导学生结合自己的专业以及优势，并在对市场进行调查和全面分析的基础上，将自己的创业意向上报给学校，由学校进行审批后，对其中有市场价值的创业项目进行扶持，帮助他们创业。让学生真切地体会到创业的快乐，进而吸引更多的学生进行自主创业，有效缓解社会就业压力。

（二）加大对应用型人才的培养

高校创业教育重点应该放在创业精神和创业技能上，加强培养具有创业、创新以及创造能力的高素质人才，以便更好适应社会经济发展需求。树立以创业带动就业的理念，推动大学生健康稳定成长，变成对社会有用的人才。具体可以从以下方面着手。

第一，开设创业课程，有针对性地讲解市场调查、风险投资、创业财务等知识。在这一过程中，高校可以通过网上授课等方式开展，并要求学生独立完成至少一份创业企划书。

第二，开展创业竞赛，依托一些创新实践项目，由院方出资出力扶持，鼓励大学生积极参与。

第三，面向社会，联系一些小规模创业实践项目给学生试手，例如美术类高校可以承接一些手绘创业实践项目，如美化街道、室内设计等。大学生创业团队可以通过网络发布自身相关信息推销自己，让更多人了解到自己的能力，这样做不仅能很好锻炼美术学院大学生专业技能，同时还能培养他们的创新能力、组织能力和协调能力，推动大学生创业能力和精神进一步提升。

（三）加快就业信息化建设步伐

为了实现人才资源的优化配置，推动社会经济进一步发展，加强毕业生就业信息化建设非常有必要。不过就目前情况来看，因为缺乏统一性的软件平台以及相关制度，信息化建设情况仍然不够理想，对于网络的应用依旧停留在招聘信息发布。同时，关于人才的具体信息很难通过网络获取，因此，很多企业大都应用现场招聘的方式进行人才选拔。

如果我国社会保障部和人力资源部能构建完善且有效的“人才供需”网络平台，纳入全国高校所有毕业生相关信息，那便能实现各个部分之间的有效交流，并且还能充分体现创业教育对人才创新素质的培养优势。能够预见，通过信息化建设展示创业教育成效，必定能推动创新素质高的毕业生顺利就业。

（四）建设创业基地，完善培训体系

第一，对于高校创业教育而言，大学生创业孵化平台是重要基础和前提。因此，在创业教育开展过程中，高校应该始终坚持以服务为导向，严格遵循协同育人原则，在得到政府部门、社会各界支持的基础上，进一步扩大大学生创业园区，并且积极整合校内外创业资源，通过一系列激励机制鼓励大学生创业，并打造完善的系统体系，切实提升大学生创业成功率。

第二，引导学生相互交流创业经验，激发他们的创业灵感。同时为大学生提供创业全程跟踪服务，具体可以通过网络服务云平台构建大学生创业动态监测体系，以便更好掌握学生创业发展中存在的问题，然后进行有针对性的指导，并给予资金、政策等方面的支持。

第三，充分发挥“互联网+”技术的优化作用，搜集各种有关于创业方面的政策信息，组织学生开展创业培训，构建双向就业选择平台。

总而言之，在信息化时代背景下，目前仍有大多数的大学生对于创业存在一定的误区，致使他们的创业成功率普遍较低。针对这种现象，高校应当积极借助现代化信息技

术，对自身的创业教育模式进行不断的优化和创新，为学生提供更多创新实践机会，同时高校还需要加大对创业的宣传，以此来增强学生的创业意识，提升学生创业创新能力，进而更好地实现“以创业带动就业”的创业教育目标。

第三节　高校创业教育管理信息化的实施保障

一、转化高校与家庭的教育观念

（一）转化高校的教育观念

社会在快速发展，社会对人才的需求也在不断变化，高校教育应该和社会发展步伐相一致。但是，从目前实际来看，我国教育并没有赶上社会的发展步伐，教育落后主要体现在教育内容陈旧，学生所掌握的知识不适应时代的新发展、新需求，人才就业难，很难适应社会发展。教育内容的陈旧限制了人才的更好应用，所以，高校应该转变教育观念，创新教育思路，将素质教育作为核心。一方面，应发挥高校的教育技能；另一方面，应培养创新思维和习惯方法。高校教育应该帮助学生树立正确的择业观念，培养学生动态化的就业观念，在专业静态就业环境下，培养创业思想观念，为学生未来的就业和创业提供更多选择。换言之，高校转变教育观念时，应该从传统的教育观念转变为培养复合型人才的教育观念。

对社会未来人才的培养应该是多方面、多角度的，应改变以往单一性人才的培养方式，解决以往人才意识单一、思维固化、只能适应某一特定专业需求的特点，应该将人才培养成全面发展、基础扎实、思维灵活、适合多种专业的创新型人才。高校的教育理念不能局限于知识和技能，更应该注重理念和创新意识的培养，培养学生适应各种专业工作的能力。

以往，社会多需求某一特定专业的人才，是因为当时社会劳动力紧缺，教育为了给社会提供更多的劳动力，主要培养的是某一专业人才。但是，当今社会需要的是能够进行工作创新、具有工作能动性的人才。所以，高等学校教育需要转变教育观念，适应社会人才需求，形成新的人才培养模式。从某种程度上而言，建成新的培养机制，需要展开新的教育形式，创造新的教育基础。例如，为了适应社会发展，应该进行创新，教育创新机制的形成就是以创新教育为基础，而在进行教育方式改革之前，要转变教育理念，转变理念才能改变教育现状，才能形成新的培养机制。

我国大学以专业进行分门别类的培养，培养方式主要是课堂教学，在这样的教育环境下，学生形成一种以专业为终身职业的认知，但世界是变化的，对人才的需求也是变化的，尤其是科技的发展取代了机械性的人力工作职位。对此要求人们形成变化的思维模式，具备动态化的工作能力，也要求学校进行创新教育，改变教育模式，既传播理论知识，也通过实践培养大学生的创造能力，通过实践提升大学生的综合水平，为大学生未来步入社会夯实基础。

高校转变教育模式，需要突破以往的培养模式，打造新的就业模式，形成正确的就业观念。高等教育应该紧跟时代发展步伐，及时改变教育模式，更好地满足社会和人才的发展需求，帮助学生更好地实现人生梦想，也为中国梦的实现、中华民族的伟大复兴输送更多优秀的人才。

创业教育的本质是创新，只有形成创新意识、具备创新能力，才能满足创业教育的基本需求。创业教育是高校前所未有的尝试，无论是教育方法还是教育功能，都与传统教育形式不同，是从本质上展开的革新。创业教育的主要目的是培养学生的创新意识、创业意识，形成创意思维，获得创业技能，全面综合地培养教育人才，使人才可以进行创新创造。

大学生创业，需要自身具备自主性，思想上自信、坚定、果断，品德上勤劳、诚信，思维上创新、创造，只有这样，才能成为合格的创业者。除此之外，还要通过实践培养大学生对问题的分析、研究和解决能力。为了实现对人才的创新培养，学校应该形成有效体制，切实推进创业教育相关工作，明确创业教育重要作用，在学校内形成促进创新创业的良好氛围，形成上下合力，推进创新创业教育在大学的实际开展和应用，为国家培养新型的创业人才。

（二）转化家庭的教育观念

人们从小受到家庭环境的影响，这种影响是深刻的，甚至是终身的。家庭影响主要体现在心理素质、品质、人格方面，是社会教育无法达到的。家庭教育是一个人的人格、品德方面最重要的来源。父母的行为、话语、对待事物的态度、待人接物的方式，都会影响儿童人格和品德的形成，换言之，家长的行为对儿童的成长起到一定示范作用。所以，在儿童成长和培养过程中，家长和学校应该为儿童做出良好示范，对此可以从以下三个方面

着手。

第一，家校之间应该进行有效沟通。无论是家长还是学校，都应该对学生进行全面了解，才能展开有效教育。家长不能依赖学校进行全部教育，应该配合学校，共同挖掘学生的潜能，只有这样，才能培养他们创新创造的意识。培养创业精神，需要从小让学生形成艰苦奋斗、勇于尝试的人生态度，为学生创业精神的形成打好基础。

第二，如果学校条件允许，应该定期组织家长交流会，促进家长之间的思想交流。家长交流会有助于家长了解并且接受创业教育的形式，学校通过举例的方式，帮助家长认识创业的优点和可能出现的风险，引导家长接受创业教育模式，通过家庭和学校共同努力，完成创业教育的实施。

第三，家长应该为学生的发展提供精神上的鼓励和意愿上的尊重。为了学生更好地发展，家长应该培养他们的实践能力，鼓励他们参加创业比赛和社会实践，有助于培养他们的动手能力、环境应变能力、思维能力、解决问题的能力、勇于挑战困难的能力等。

二、建设创业教育教学的评价体系

（一）实施创业教育教学机制

无论是何种目的的教育，都应该有适合该教育形式的教学机制，创业教育也是如此，必须形成机制才能有效施行。对此，要求高校在实行创业教育时，建立相应的教学机制。

第一，创新教学观念。社会环境在快速变化，经济也在飞速发展，无论从哪种角度而言，教育都应该紧跟时代脚步。对传统教育方式的改变是必然的，创业教育可以帮助学生形成综合能力，而创新教学观念是在创业教育过程中加入新的能力培养，综合培养学生的素质和能力，使学生养成良好的学习习惯，形成科学的学习方法、学习思维、学习技巧，激发学生学习的主动性，让自主学习成为他们的学习常态，让创新学习成为他们的学习动力、学习目标。这些目标和能力的养成都需要创新教学观念。

第二，创新教学评价。在应试教育环境下，衡量学生的标准主要是学习成绩，这样的教学评价模式已经显现出弊端。我们发现学生的综合能力评价并不能单纯依靠成绩，还要注重综合素质的培养。培养学生的主要目的是为社会发展做贡献，所以学生的综合培养一定要以社会需求为主，要以学生就业、创业为培养目标，所以当今的教学评价应该为创业教育需求做出改变，形成全方位的评价标准。标准应该从学生培养模式和教学课程规划方面开展，根据社会人才需求，制定有针对性的培养模式，开展针对性的教学，才有助于形成人才对社会的适应能力。

第三，创新管理模式。目前，我国高校管理一般以集权式为主，这样的管理模式不利于学生创业精神的培养，也不利于开展创业教育，为此应该制定更加开放的管理模式，让学生参与到学校的管理工作中。通过放权给学生，让学生进行管理，可以增加学生对自身主人翁身份的认同，更有利于学生思维的发散和思想的发展。

（二）培育创业教育师资队伍

高校开展创业教育除了以科学有效的教学机制为基础，还需要拥有高水平的师资队伍，但是从目前教育现状来看，我国师资队伍力量，比较薄弱、能力普遍不足，影响创业教育的实施。能力不足主要体现在无法将理论知识和实际进行有效结合，对此可以参考已经转型成功的学校，结合自身学校的实际需求，进行创业教育计划的制订和师资队伍的建设。创业教育的师资队伍建设，一般包括以下领域。

第一，工程技术领域。目前，我国科学技术处于飞速发展中，科学技术最新动态在不断更新，掌握最前沿的科学动态是创业教育的基本要求。科学技术之间是相互关联的，没有学科的壁垒，不同技术之间的共享促进了各个学科的发展。高校在开展创业教师师资队伍建设时，可以聘请工程技术类专家为学生分享最新科技动态，讲授创业需要做的准备工作以及可能遇到的挑战，分享他们的经验，帮助学生做创业决策。

第二，成功创业的企业。企业家之所以会受到社会青年的广泛关注，是因为他们的创业成功是通过艰苦奋斗和拼搏进取获得的，他们有让人敬佩的号召力。创业者在创业之初，会以企业家的经历为榜样，学习他们的品质，吸取他们创业之路的教训，不断激励自我，保持创业信心。除此之外，企业家创业过程中的创业事迹也非常感人，能够说服广大青年投身创业。此外，成功企业家的创新引领精神可以给学生带来启发，让青年学生的创业信息更新，通过不断地创业实践，形成创业创新意识，为未来的创业打好基础。

第三，政府部门领域。政府部门掌控着经济的发展方向，是市场的运作者。政府是经济政策和经济法律法规的出台者，同时，政府也负责市场中的政策引导、规定执行、市场监督，创业教育必然会涉及经济知识的教育。对此，高校可以聘请政府部门的工作人员走进校园，进行经济政策和经济法律法规讲解，帮助大学生理解经济未来的发展方向，了解经济法律法规。

第四，风险投资领域。风险投资家既是企业的经营者，也是企业的投资者。风险投资家的作用不仅是为企业提供运营资金，最主要的作用是提供企业管理经验，通过风险投资家的讲解，大学生可以形成对风险的心理防备，了解创业过程中可能存在的风险。与此同时，风险投资家可以鼓励学生直面失败，有面对失败的勇气才能获得成功。

（三）建立创业教育评价体系

目前，我国处于教育改革阶段，为了更好地实现创业教育，需要建立科学有效的运行机制和评价体系。随着创业教育进程的推进，机制和体系的存在作用越来越显现出来。创业教育的目的是培养学生创业所需要的创业意识、技能和精神，创业教育具体的价值需要依赖评价体系，才能形成真实有效的结果。所以，教育评价体系的存在可以更好地促进创业教育的发展，提高创业教育的教学水平。换言之，创业教育相关的评价方法、标准以及实施评价的方式和评价反馈的方式都是创业教育应该关注的主要内容。

国外创业教育评价体系经过多年发展和创新，已经形成基本框架，一般情况下，主要评价创业教育的课程设置、教师的学术水平、毕业学生的创业能力、参与的创业项目、学校毕业生创立的企业数目等。我国创业教育主要进行两个方面评价：①阶段性评价；②价值性评价。我国创业教育评价体系要求评价不能只针对学生，还应该针对教育所产生的社会价值，例如，增加社会财富、带动社会如何发展等，都是评价教育涉及的标准。

高校的创业教育评价体系必须具有可操作性，可操作的评价体系才能真正促进创业教育的发展。因此，应该根据我国实际情况，制定符合我国国情的教育评价标准，通过实践不断完善评价标准。只有建立完善的标准，创业教育水平才能得到保障。

三、建立完善的大学生创业环境

（一）营造浓厚的校园创业文化氛围

校园创业文化是高校师生开创事业的思想意识形态。校园创业文化氛围的营造对创业教育的发展具有巨大的影响力，需要所有师生共同参与。高校可以通过开展不同的活动方式，如创业讲座、研讨会和模拟活动等，激发学生的创业兴趣，培养学生的创业意识，提高学生的创业素质和能力。其中，创业能力应该从实践中得到提升，对此，高校需要经常举办创业类竞赛活动，制定有助于学生展开创业的制度，搭建创业服务平台，设立学生创业基金，为大学生实现自主创业提供保障，让大学生学会通过创业，将自身的创新成果和智力成果转化为有形的财富。

相比于校外的创业环境，校内的创业市场更有利于大学生进行创业锻炼，原因在于大学生对校园内部的各种情况非常熟悉，了解如何利用学校现有的教育资源，而且学校能够为大学生的创业教育提供多方面支持，例如，设立创业基金、创建创业示范基地等，大学生不会受到创业资金筹集和创业场所建设等问题困扰。

同时，在学生遇到各种创业难题时，专业的辅导教师也会给予指导。资金筹集是大学生创业过程中必然存在且需要解决的难题。为解决此类问题，高校可以设立专项资金，创建风险基金管理机构。针对大学生设立的创业项目，聘请专家进行评审，筛选出符合条件的创业项目，定期监控每个创业项目的进展情况，针对出现异常的创业经营状况，需要及时改进和调整，使创业风险降至最低，确保资金的顺利回收和循环利用。

高校要充分发挥自身的职能作用，利用现有的一切资源，尤其是信息资源和人力资源，应用先进的信息技术，建立创业服务网站，收集有关创业信息，并对信息进行统计和分析，为大学生的创业以及就业提供信息服务。除此之外，学校还要加强创业宣传力度，营造良好的校园创业氛围，通过创业成功案例的讲解以及宣传工具的利用，弘扬创业精神，调动学生的创业动力，引导学生积极参与创业活动。

（二）营造积极的社会创业环境氛围

积极的社会创业氛围有利于创业教育的发展。在创业教育过程中，学校作为主体之一，具有主导性的教育作用。然而，创业教育的展开与实施只依靠学校是难以完成的，还需要社会各界力量。例如，政府能够为创业教育提供政策和资金等方面的支持，相关培训机构能够为创业教育提供指导和咨询等服务。社会创业氛围的营造是创业教育良好发展的推动力，这种推动力并不是显而易见的，而是潜移默化的。

高校需要营造浓郁的创业氛围，应不断普及有关创业的理论知识，让大学生深刻认识到创业的重要性，并针对教育资源进行优化和配置，实现对大学生的创业教育。此外，高校要支持致力于创业领域的辅导教师或科研人员，通过提高经费额度等激励方式，调动他们对创业教育的积极性，保持他们对创业教育的热爱。高校可以设立专业的创业教育管理机构，创建创业教育服务网站，定期举办有关创业的研讨活动，鼓励学生踊跃发言，主动分享自己对创业的想法和意见。高校还可以定期组织大学生参加创业公司的实习活动，加深大学生对创业的了解，提前体验创业公司的工作氛围。更重要的是，提高学生的实践能力和创业素质，打破学生对创业就业所形成的传统观念。

高校开展创业教育需要社会各行各业的支持。作为政府，要充分发挥自身职能，除了为创业教育提供政策和资金支持之外，还要号召社会其他机构积极参与创业教育过程中，帮助和指导大学生顺利地展开创业活动，并为大学生创业提供人力和技术等服务。作为学生家长，要培养孩子持之以恒、永不言败的创业精神，适当地给予鼓励和支持，提高他们的主观能动性和创业自信心。

（三）建立健全的创业组织机构及机制

我国大多数高校所建立的创业组织机构都存在很多问题，需要改进和完善，甚至一些高校没有设立创业组织机构。对此，各高校要统一创业教育思想理念，建立健全创业教育保障机制，设立创业教育组织机构，保障创业教育工作顺利展开与实施。此外，各高校还要设立监督和考核机构，定期监管每个部门的工作情况，同时给予相应的指导和帮助。作为创业教育的领导者，要根据学校的发展情况，制定创业教育政策，改进和完善创业教育体系，通过培训服务和激励措施加强创业教育师资队伍的建设，建立健全创业组织机构，设立大学生创业服务平台。以上都是大学生创业道路上的有力武器和坚强后盾。

四、社会对创业教育的鼎力支持

在社会信息化发展的时代下，需要重新确立创业教育的定位，人们对创业教育的认知也要改变。创业教育的展开与实施不仅是学校的责任和义务，还是全社会共同承担的责任和义务。高校创业教育要与社会环境相连接，更要与社会认同相适应。对于创业教育的发展，建立社会认可体系至关重要。换言之，若缺乏社会认同，高校创业教育则无法顺利展开，创业教育自然不能成为高校的教育内容。

（一）加大政府的支持力度

如今，随着社会经济的快速发展，市场需求也越来越显著，在这种情况下，国家鼓励和倡导大学生自主创业，并出台相关的扶持政策。

政府在高校创业教育中扮演着多重角色，例如，倡导者、扶持者和监督者，主要体现在政府为创业教育的发展提供了资金支持和便利条件，还号召社会各行各业积极参与，特别是相关的教育机构，更是倡导企业与高校建立合作关系，为高校创业教育提供人力、场地等服务。

在创业过程中，启动资金和后续资金是制约大学生创业积极性的重要因素之一，资金的缺乏必然影响大学生的创业动力。为了保障大学生能够全身心地投入到创业工作之中，社会各界和政府部门要共同为其保驾护航。政府已经颁布有关创业的文件要求，为大学生创业提供了便利条件，也是一种激励大学生创业的举措。各地政府制定创业优惠政策，部分地方政府甚至还提出两年之内免除全部税收，其目的不仅是激发大学生参与创业的积极性，还降低了大学生的创业成本，尽可能地将大学生创业风险降到最低。对于初入创业领域的大学生而言，无论是政府支持，还是专家指导，都是他们创业的动力源泉和必要保障。

（二）加强校企合作的关系

随着经济全球化进程的加快和信息化时代的到来，大学生“就业难”的现象成为现状。基于这种日益严峻的就业形势，高校教育所面临的机遇与挑战并存，应该积极开展就业指导服务，鼓励当代大学生自主创业，并为其提供方法、技巧与理念指导。

校企合作模式可以助力当代大学生成功就业、自主创业，并已成为众多高校和企业的共同选择。一方面，企业通过与高校建立合作关系，例如，以企业名义设立奖学金，可以为大学生提供很好的施展平台和资金支持，也可以为自身招揽更多优质人才，提升企业的核心竞争力；另一方面，高校在深化与企业的合作关系中，例如，与企业联合办学，可以将以实践为核心的创业教育落到实处，为学生就业提供更多支持。因此，强化校企合作关系，对企业和高校而言是一个双赢的选择。

就学校而言，校企合作发挥的优势在于建立创业教育实践服务基地。高校正以多种方法推动学生创业教育，例如，外请企业家做专题讲座、做企业产品（或服务理念等）在校宣讲会等，或者鼓励学生创办创业性质的大学社团，由学校或高校提供创业资金支持和服务支持。在这些活动作用下，大学生创业教育理念得到不同程度的深化，并逐渐完善成为一个科学严谨的教育工程系统。学生也可以在这样的过程中培养自身创业意识，开始了解甚至是尝试自主创业，在增长创业经验的同时，获得一定的经济回报和经验回报。同时，在大学校园里形成人人创业、自主探究的良好风气，并成为和谐校园氛围的重要组成部分。

就企业而言，尤其是通过联合办校模式进入校园的企业，校企合作为其开启了人才招募新思路。通过校企合作途径进入企业的实习生，作为企业的新鲜力量，可以帮助企业解决实际问题、提升经济效益、节约经营成本。学生在实践过程中，增长社会经验，对社会环境有了更深刻的体会，对自主创业有了更多兴趣。校企合作，尤其在很多民办院校和专业技校中受到推崇，使产、学、研一体化带动学生创业。

总而言之，以创业教育实践服务基地的建立为典型，强化高校与企业间的深入合作，以高校和企业资源配置的优化带动大学生创业教育，已经成为高校培养人才、企业吸纳人才的重要途径。

（三）充分利用中介组织的优势

“创业中介组织”是从西方高等教育中介组织中得来的概念，是连接政府、高校、企业和其他类型社会组织的重要纽带，为推动教育改革和发展、学生的个人成长与进步发挥着重要作用。在高校创业教育的发展日新月异并越来越受到重视的环境背景下，推动以政府大力支持、社会企业和其他组织共同协作的创业教育中介组织建立，已然是大势所趋。创业教育中介组织对大学生创业教育的推动作用是任何组织或个人所不能替代的，主要体现在两个方面。

第一，分担政府承担的创业奉献。创业教育中介组织可以为学生创业教育提供创业方向指导、创业项目推介、创业项目风险评估及小额创业贷款和创业贷款担保等，在一定程度上分担了政府本应承担的风险。

第二，分担高校教育工作压力。创业教育中介组织可以为高校大学生创业教育提供便利条件，例如提供创业信息服务、市场指引服务、技术咨询服务等，从而丰富高校创业教育的渠道和形式。

除此之外，因自身所特有的专业性和技术性，创业教育中介组织可以通过为学校或其他教育主体提供教育咨询、教学评估等服务，降低学校教育成本，提升学校资源利用率，提高高校创业教育质量。对于学校而言，创业教育中介组织实现了学校之间互通教学信息的效率，既能便于学校之间的经验交流、统一认识和思想，也能使得问题的发现及解决更快捷、更有效；对于政府和社会大众，创业教育中介组织更加凸显其在信息共享和促进合作方面的重要作用。

谈及信息的获取和处理应用，较强的专业性一定是绕不开的话题，而创业教育中介组织的存在，在一定程度上缓解因政府和学校专业人才有限，出现信息精准性低的现象，使收集到的信息更为精准。事实上，这一点早在西方发达国家的部分政府部门得到有效实践，他们往往会选择创业教育中介组织负责信息采集工作，以便得到其制定政策的数据参考。

除了专业性之外，创业教育中介组织的另一个突出特性是具有广泛的群众基础。受该特性影响，创业教育中介组织收集的信息更易为社会所接受和认可，可信度也得到大大提升。从这个角度来看，创业教育中介组织在一定程度上推动了政府、高校和社会共同发展。与此同时，创业教育中介组织还应承担科学、公正评估高校创业教育实施情况，以客观的评价机制和评价体系，监督高校创业教育更好地落实。这种评价和监督功能主要体现在建立以资深企业家、企业管理高层、高校决策者、主管企业发展政策的领导等为核心的专家团队上，通过充分发挥其在创业资源、管理经验、行业地位等方面的优势，对大学生创业进行科学评价，帮助他们看清自身的问题、寻得改进问题的方法。

第四节　大数据驱动的高校创业教育管理协同发展

“创新创业作为国家经济发展的重要引擎，也是当代大学生就业的全新路线。”① 实现地方高校创业教育校地协同有助于增强个体创业和就业竞争力，完善高校创业教育外部支持体系，推动构建创新型区域社会。大数据时代的到来为校地合作提供了契机，大数据可以优化创业教育资源配置，提升创业教育服务区域社会能力以及增强创业人才培养的智能化评估。为了更好地发挥大数据的治理价值，政府、社会和高校应该成为推动协同发展的主体力量，超越当前数据治理困境，树立大数据思维、建立和完善跨部门的区域性创业教育智库。随着云计算、物联网、移动终端等信息技术的进步，人类社会日益进入智能化、数字化和信息化的大数据时代。这就意味着人类的生产、生活行为日益能够通过数据形式进行表达，这些庞大、复杂的数据蕴含着重要的治理信息，通过对这些数据的挖掘和分析，我们在一定程度上就能够掌握这个世界或某一个体的行为特征以及相应的规律，让复杂庞大的数据成为社会治理的重要基础。就创业教育而言，可通过数据挖掘实现创业人才培养的预测、监控和评估，为人才培养提供最佳的资源供应方案。地方高校创业人才培养需要紧密结合区域发展实际，同时自身也要公布教育数据，实现信息的互通互联。

一、大数据促进创业教育管理协同发展的逻辑

大数据驱动创业教育校地协同是新时代背景下国家治理体系和治理能力现代化的重要内涵之一，是公共管理理念的创新。从地方高校创业教育来看，大数据驱动下的协同发展的逻辑在于三个方面。

---

① 王球琳等：《大数据视域下大学生创新创业教育质量的提升》，载《中国新通信》2022 年第 14 期，第 242 页。

（一）大数据是高校创业教育管理资源配置的基础

与专业教育相比，高校创业教育对学校外部资源的依赖更加显著，这是由创业人才的素质与能力特点所决定的，创业所需的实践性知识需要在行动中获得。当前，社会对地方高校创业教育的支持仍然不够，其中的阻力之一即是区域社会与地方高校信息共享机制的缺失。大数据拥有海量的信息类型、庞大的数据规模、潜力巨大的真实数据价值、快速更新的流动数据等特性，相比传统数据测量分析更具多元性、多变性、高速性、全面性。众多数据汇集形成海量信息数据文件，内蕴了诸多具有资源价值的信息，大数据有益于高校感知和获得区域社会资源支持，提升配置效率。

创业教育资源包括多个方面，其中物质资源、智力资源、岗位资源以及区域经济运行等均可建立数据化表达机制。物质资源主要包括创业教育所需的资金、实训设备、实训场域等；而智力资源如来源于社会的创业导师，所创之业的行业标准、技术标准以及市场供求等；岗位资源即区域社会所能提供的服务于学生创业教育的实践岗位配置。随着信息技术的发展，区域社会运行发展更加数据化，物质资源、智力资源以及岗位资源等的社会拥有情况将通过信息技术转化为可视化的数据流，大数据时代我们更加容易获得相关数据信息，推动社会资源对接地方高校创业人才培养，促进地方高校了解区域社会资源拥有状况。

（二）大数据提升高校创业教育管理服务区域的有效性

“依数治理”下，地方高校不仅可以获得自身急需的办学资源，同时也将不断提升服务的有效性和精准性，换言之，能够根据区域需求提供高质量的、扎根区域社会的创业人才。大数据的最大特点是沟通信息，实现互联互通。大数据时代，高校可依托大数据全面掌握和感知区域社会经济运行，增强地方高校创业教育服务的有效性，为区域经济创新发展提供人才培养方案。

从宏观来看，依托大数据实现创业人才规模结构的适应。地方高校创业人才培养专业结构与区域经济发展水平相关，高校要对区域经济的运行进行专门的测度分析，了解宏观经济运行数据。对区域社会急需的专业创业人才将优先培养，而对区域社会行业以及产业创业人才饱和的则适度限制。如当前西藏高校要思考如何引导培养文旅创业人才、区域乡村创业人才，致力于促进西藏文旅事业和美丽乡村建设，促进战略性产业创新发展等。

从微观来看，提供精准的课程服务和本土化的培养方案，确保创业人才培养的质量规格适应区域需求。在创业课程建设上，要将区域社会的行业标准、产业标准及其相关外部知识转化为课程体系，创设和形塑本土化的创业环境，充分利用区域社会创业教育资源展开教学。

总体而言，人才培养的这种适应性和精准性必须依托相应的大数据分析平台，区域经济运行既有区域特色，同时也会动态调整，要适应动态的区域经济就必须采集和挖掘相关运行状态数据，尤其是要求政府加大公共数据开放力度，为地方高校创业人才培养提供参考。

（三）大数据推进高校创业人才培养的智慧化评价

高校要依托信息技术营造信息化教学环境，推进信息技术在日常教学中的深入、广泛应用，适应信息时代对培养高素质人才的需求。伴随着移动互联技术、人工智能的发展及其与教育系统的深度融合，智慧教育日益成为教育发展的重要趋向。从信息技术的视角出发，智慧教育是依托物联网、云计算、无线通信等新一代信息技术所打造的物联化、智能化、感知化、泛在化的教育信息生态系统，是数字教育的高级发展阶段。高校创业教育的智慧评价是基于数据的评价，依托信息技术的物联化、感知化等特点采集和分析相应人才数据和区域社会经济数据等，了解人才培养的质量。需要指出的是，这里的智慧评价的核心在于评估创业人才和区域社会的吻合度，对其适切性进行评估，进而提出改进策略。

创业人才培养的智慧评价意味着我们要建立面向全过程的数据采集系统，不仅包括创业教育阶段，同时也包括创业阶段，对创业人才培养的质量进行整体评价。与传统评价相比，基于大数据的智慧评价具有多方面优势，如评价更加即时和及时，评价更为全面，评价结果更具可视化等。通过智慧评价，我们能够更加准确地预测和预警地方高校创业人才培养及其与区域社会的关系，保证两者处于较高水平的协同状态。

二、大数据推动创业教育管理协同发展的逻辑

大数据背景下如何发展校地协同，其推动主体与动力架构是影响这一愿景落实的核心要素。大数据时代数据已经不仅仅是代码，而是一种重要的社会治理资源，如何开发和利用数据资源促进创业人才培养校地协同，需要我们建立起有效的运行架构，优化数据采集、储存、挖掘和使用的路径，最大限度地发挥数据在地方高校创业人才培养中的价值。

（一）以政府为主导，促进区域大数据开放

区域社会运行数据的管理者和拥有者主要是政府，政府具有统筹区域经济社会运行和

高校人才培养的先天优势，政府公共治理是包含了高等教育治理在内的治理，地方高校创业人才培养效能是区域政府行政能力的重要体现。高校创业人才培养需要及时掌握区域社会经济及公共部门运行的数据和信息，保证创业人才的培养适应区域社会和经济发展需求，而其中的关键即是数据信息的耦合。作为行政主体，地方政府能够更好统筹开发本区域内的数据，有效整合政府数据中心、高等院校数据中心、商业企业数据中心、社会组织数据中心等不同领域数据。当前，我国地方政府在促进公共数据开放上不断加大力度，在地方数据集成和开放方面开始进行积极探索。

（二）以社会力量为基础，提升区域数据品质

如果说政府数据具有宏观指导和引领价值，那么来自产业、行业或企业等社会主体自身的数据则具有更多的微观特征，是地方高校创业人才培养过程设计的重要依据。就数据开放而言，社会主体中行业、企业与地方高校的合作让数据更加具体，同时将促使高校更加直接、直观地了解区域社会发展。

地方高校创业人才培养依托地方、服务地方，校地数据合作有两方面功能价值。①提升数据质量，保证获得的开放数据具有可靠性。政府通过构建数据平台，使公众获知了来自社会、公共机构的大量数据，由于数据的海量和杂乱，其真伪待证实，数据质量并不高，为促使地方高校创业人才培养更加精准和有效就必须建立更紧密的校地合作，加强与不同产业、行业的数据沟通，将产业、行业甚至是企业的运行状况作为创业人才培养方案设计依据。②提升关键数据获取能力。地方高校创业教育的开展需要区域社会提供相应支持，如岗位资源、场地资源、物质资源、智力资源以及行业、产业质量标准等，这些数据信息对于人才培养至关重要，如果不进一步沟通很难在公共平台获取，因此推动社会力量加入地方高校创业人才培养体系，有助于提升数据完整性。

另外，相关隐私数据由于数据安全问题也未必公开，因此为了保证创业人才未来所创之业具有更好的空间和潜力，提升创业成功率，帮助更好服务区域经济就有必要加强高校与社会主体的数据合作，增强人才培养数据与区域发展数据的契合性。

（三）以高校为决策主体，推动数据开发及转化

地方高校是地方创业人才培养的承担者和决策主体，能够决定在何种学科专业、采取何种途径进行培养，是课程的设计者和教学的执行者等，来自区域社会和区域政府的大数据等最终流向高校，成为人才培养方案设计的重要基础。但要注意的是，这种“基础”作

用的关键不仅在于数据的采集，更为重要的是将数据加工和转化为决策依据，在此意义上高校就发挥了一种接收与转化的中心作用。在数据促进创业人才培养中，地方高校的作用在于以下方面。

第一，广泛采集数据。高校主导的数据采集包括政府公开数据的收集、深入产业行业和企业等内部进行的数据收集，以及自身相关人才培养数据收集等。数据采集是大数据时代高校治理的基础工程，无论是外部环境还是内部培养过程大都可以通过数据进行表达，尤其是信息技术的参与使得这种数据化日益成为可能。

第二，大数据分析。对海量数据进行加工，按需提取有价值的数据。高校通过设置专门岗位、招聘专门人员开展数据的挖掘整理，结合人才培养全过程了解地方高校创业教育数据需求。进而言之，即根据需求有针对性地在海量数据中提取有价值的信息。

第三，依数治理。地方高校创业教育实施要紧密结合相关部门提供的数据，将区域发展大数据与专业创业的开展、课程的设置、教学活动的安排等统一起来，严格遵循大数据分析的结果，将数据作为决策依据。一方面，促进区域社会为地方高校创业教育提供精准支持；另一方面，也有助于高校精准服务区域经济社会，无论是人才规模还是结构都能契合社会需求。

三、发展大数据驱动的高效创业教育的重要意义

（一）经济社会发展的需要

实施创新驱动战略，关键在于培养创新型人才。创新是引领发展的第一动力，创业是时代的最强音，是经济社会发展的第一要务。目前，我国高校距离建设创新型国家的要求和目标还有一定的差距。因此，在高等学校开展创新创业教育，积极鼓励高校学生自主创业，以企业和企业家成长过程为框架、以创新精神培育为核心培养创新型创业人才，把创新创业教育贯穿人才培养全过程，培养出具有创新精神、创业能力的优秀人才，是经济社会发展的需要，是支持和推动国家创新体系的建立、为建设创新型国家提供人才和智力支持的需要。

（二）高等教育发展的需要

第一，大力发展创新创业教育是推动高校毕业生更高质量创业就业的需要。就业是民生之首，而高校毕业生的就业是就业工作的重中之重。实施扩大就业的发展战略，促进以

创业带动就业，把鼓励创业、支持创业摆到就业工作更加突出的位置。深入推进高校创新创业教育改革，切实提高毕业生创新创业能力，发挥创新创业对就业的倍增效应和带动作用，增强高等教育对经济社会发展的贡献度，是国家实施创新驱动发展战略、促进经济提质增效升级的迫切需要，是推进高等教育综合改革、促进高校毕业生更高质量创业就业的重要举措。

第二，大力发展创新创业教育、培养具有创新精神和创业能力的复合型人才是时代赋予高等教育的使命。高校不仅要有创新精神，更要培养创业型人才，以创新引领创业，以创业推动创新，实现科技成果转化，服务社会经济。学生创新创业能力的提升将是今后学生自身中长期发展的现实需要。

四、大数据驱动下校地协同管理发展机制的创新路径

大数据是创业人才培养校地协同的黏合剂，从区域大数据出发开展创业人才培养将是未来我国地方高校创业教育内涵式发展的必然路径，然而面对这一趋势，无论是地方政府还是高等院校均准备不足。为了推动地方高校创业人才培养精准化、高效化，我们认为有必要从以下方面推进以区域大数据为中心的协同机制建设。

（一）创新高校创业教育管理理念，树立大数据思维

大数据时代，大数据思维是实现治理现代化的内核和关键，这意味着你如何看待数据、如何采集和使用数据等。地方高校创业教育校地协同需要我们树立整体、共享和智能的思维，充分发挥数据在创业教育治理中的价值。

第一，树立整体性思维。地方高校创业教育发展并不只是高校事项，其越来越多地关涉区域发展利益。整体性思维要求我们着眼长远，整合区域内不同要素，优化资源配置，依托数据和信息推进校地整合。

第二，树立共享思维。数据信息如果不能够共享、不能够开发，数据就会丧失治理价值。共享思维意味着区域政府、公共机构、产业机构等要通过相应的平台与机制实现与地方高校数据的共同使用，为精准育人、科学育人奠定基础。

第三，树立智能思维。以数据为基础的治理是一种动态治理，数据源的更新要求我们强调治理的智能化，通过实时监测、精准推送实现创业教育与区域发展的高度融合以及智能决策。大数据思维要求地方高校创业教育治理摆脱以往经验化、片面孤立的决策形式，要将创业教育办学置于相互关联和整体的环境中，克服办学中的问题。

（二）以地方政府为主导，创建区域性跨部门创业教育智库

智库作为一种旋转门，是介于社会市场和高校之间的纽带，通过智库研究更好地促进地方高校创业教育科学化发展，更加切合区域社会发展实际需求。当前，我国地方政府主导的跨部门创业教育智库已有成立，如上海交通大学与上海市人力资源和社会保障局、上海银行等共同成立的上海市首个由高校、政府、企业共同发起的创业教育智库平台，依托智库平台实现政府与校企资源共享、优势互补，在这一创业教育决策模式中，上海市人社局主要为研究中心提供创业就业基础数据资源及配套政策支持，并且该中心专门开展了“基于大数据的创业指导精确服务体系研究”。创业教育智库构建可从以下方面展开。

第一，地方政府主导，依托高校设立。作为区域社会的行政主体，政府可以充分调动社会力量广泛参与创业人才培养过程，协调来自不同部门的数据，促进数据开放和共享。设置于地方高校的智库既可以利用高校智力资源，同时也有助于人才培养数据及时与智库成果融合，适时转变人才培养机制与方案。

第二，优化智库成员结构，跨部门建构。智库成员的遴选既要纳入高校创业教育专家，同时也要纳入行业专家、产业代表以及创业成功者，保证人才培养过程符合教育逻辑、创业逻辑和市场逻辑等。

第三，建立智库成果的应用与实施机制。智库成果是高校创业人才培养的基础，建立相应的成果实施机制是关键，同时将应用的效果即时反馈智库，从而修正和优化创业教育决策。

（三）完善高校创业教育管理的“依数”治理机制

机制既是路径也是保障，依托大数据推进创业教育校地协同需要机制创新。大数据时代的主题是数据，围绕数据的治理机制构建需要从以下方面推进。

第一，建立以数据为基础的预测机制。创业人才培养的规模数量、质量规格等都需要进行前端预测，保证创业人才培养与区域需求具有一致性。地方高校要积极推动数据收集分析，从高速增长、多样和海量的数据中提取与创业人才培养相关的数据信息，为人才的精准培养、融合培养奠定数据和决策基础。

第二，建立以数据为基础的过程管理机制。过程管理意味着我们要重视人才培养全过程数据的即时收集分析，保证人才培养系统中各要素，如课程、教学、实践以及相应的创业素养、技能等适应创业生存、创业发展需要，适应区域社会需要，保证人才培养与社会

需求动态结合。

第三，建立以数据为基础的结果反馈机制。人才培养是否适应区域社会质量诉求、产业结构诉求等需要以数据为基础进行评估，确保创业人才供给与区域发展高度吻合。高校要不断跟踪评价，收集创业人才创业数据，评估其创业的成效以及对区域社会和经济发展的促进作用等。当然，无论是需求预测还是过程监测，抑或结果反馈，均需要基于相应的数据平台，通过集成的数据平台和数据管理系统，数据的治理价值才有可能真正实现。

（四）创建基于大数据的创业人才培养方案

人才培养方案是人才培养的最终执行计划，一般而言，培养方案涉及课程的设置、教学的安排、培养的具体方式与路径等。区域大数据基础上的创业人才培养方案意味着我们要按照区域具体的要求进行，通过大数据刻画创业人才培养中的用户画像，以用户画像为基础即时调整培养方案与策略。做用户画像的目的是了解用户特征、理解用户需求、实现业务目标、改进用户服务。用户画像是大数据的核心技术之一，在信息技术行业得到普遍应用，通过提供群体定位、个性化推荐、网络舆情监测、风险防范等服务，确保市场供给与需求的完美匹配。

就地方高校创业教育而言，我们要基于区域大数据，开展两方面的画像工作，即宏观区域经济社会画像以及微观个体的需求画像，以这两类画像为基础制订相应的创业人才培养方案。宏观区域经济社会画像可以以数据形式展示出行业、社会和公共部门各领域创业的需求、标准和结构等要素，为创业课程的设计、创业实践的开展、创业成果应用等提供支持。微观个体的需求画像则可以以数据形式展示个体的知识、兴趣、需要和能力，甚至社会关系特征（如温州大学创业教育将学生人际关系中是否具有开办企业或职业经理人作为一项重要考量因素），以区域大数据和学生成长大数据为基础的培养方案设计将更加契合地方和学生的实际，提升所创之业的生存和发展能力，从而更好实现地方高校创业教育与地方经济社会发展的紧密结合，实现二者的良性、高效、有机互动。

（五）确立明晰创新创业教育的重要地位

深化高校创新创业教育改革，是加快实施创新驱动发展战略的迫切需要，是推进高等教育综合改革的突破口，是推动高校毕业生更高质量就业创业的重要举措，意义十分重大。

高校必须牢固树立先进的创新创业教育理念，要坚持立德树人的基本导向，充分明确创新创业教育目标要求，完善创新创业教育课程体系。利用必修课建设、选修课建设、课余实操活动组织等措施，完成创新创业课程体系的搭建，建立针对不同创业需求的分专业、分层次、分类别的创新创业教育体，努力实现创新创业教育与专业教育的有机融合，由注重知识传授向注重创新精神、创业意识和创新创业能力培养的转变，由单纯面向有创新创业意愿的学生向面向全体学生转变，切实增强学生的创新精神、创业意识和创业能力，努力造就“大众创业、万众创新”的生力军，不断提高高等教育对“稳增长、促改革、调结构、惠民生”的贡献度。

（六）打造专业强大的创新创业教师队伍

教师队伍建设是创新创业教育建设的核心要素，打造强有力的创新创业教师队伍，需要有效整合校内、校外的资源。

第一，要坚持全员参加、专兼结合，配齐配强创新创业教育专职教师队伍。立足现有教职工队伍，按照全员参与的工作目标，改革教学内容和方式方法，将组织开展专门培训作为日常课堂教学的有益补充，用系统培训强化专业课教师的创新创业意识。

第二，大力增加兼职教师人数，依据高校自身专业设置的特点，结合当地企业发展实际，大规模聘请企业专家来校授课，确保所有专业都有对应行业或者岗位的教师进行授课，从而打造一支理论功底深厚、实践经验丰富、专兼结合的高素质师资队伍。

第三，除了积极培育本校教师投身创新创业教育外，还要积极开拓校友资源和社会资源，加强和校友合作，加强与社会创新创业资源的协同，把校友和社会各界的创新精英吸引到师资队伍中来，给学生提供有效的创业培训与创业指导。

第四，建立专家顾问团，主要吸纳经济管理类专家、企业管理专家、财务管理专家、风险投资家和专业律师等人才，专门负责全校范围创新创业相关问题咨询。

第五，大力实行教师进企业挂职工程，重点选派专业教师进驻专业性强、技术含量高、发展前景广阔的企业进行挂职锻炼，积累实操经验，为学生提供有针对性的指导。

（七）搭建多元化平台，营造宽松创业环境

第一，建设校园创新创业文化。高校要把创新创业文化作为高校文化建设的重要内容，有重点、分层次举办讲座论坛，全方位、多方面开展主题活动。加大宣传工作力度，在形成氛围上给予重视，把创业规律、市场机会和政策措施作为宣传重点，利用各种媒体，讲精彩的创业故事，教实用的创业方法。利用好主要媒体，特别是新兴媒体，营造创

新创业文化氛围。

第二，确立“以赛代训、以赛促训”的理念，积极开展各类赛事活动。开展“普选式”比赛，学校积极寻求各类赛事平台，例如“挑战杯”、学生创新创业大赛以及各省市、各系统组织的创新创业比赛，在院系选拔环节，动员全体学生参加，有效扩大比赛的覆盖面和参与人数。同时，充分发挥学校的主导作用，牵头组织不同类型赛事活动，确保每位学生可以结合自身兴趣和特长参加比赛。

第三，“引企进校”，吸纳社会资本。依据学校专业特色，吸引相关的知名企业进驻学校，建立办事处或者子公司等机构，由公司出资，制订计划，委托学生开展项目研发、实验、生产等工作。这样做既保证了专业知识的学习，又为学生创新创业能力的培养创造了条件，搭建了平台，让学生能够在企业的实际运营中切实提升创新创业能力。

第四，成立专门机构，提供物质支持。由学校成立创新创业科技公司或者孵化中心等机构，由该机构对所有创新创业项目进行统一管理。通过专家评审后的项目，可由学校提供专门场地、低息或者无息贷款，为项目的实施提供物质保障。

（八）革新教学管理，强化教育的实际效果

要按照“有教无类”的原则，构建个性化的培养制度，建立休学创新创业机制，允许在校学生暂停学业，从事创新创业实践活动，尽快建立创新创业学分积累与转换制度，完善学生学业考核评价办法。

第一，建立创新创业学分积累与转换制度，将创新创业方面取得比赛成果、创新实验、发表论文、获得专利、参加创业实践活动和自主创业等方面的成效折算为学分。允许学生休学创业，对休学从事自主创业的在校学生可保留学籍两年。建成依次递进、有机衔接、科学合理的创新创业教育专门课程群体系。

第二，采用“广谱式”教学。面对全体学生进行创新创业相关知识普及教育，进行创新创业的理念导入，让学生了解自主学习、自主创新的积极意义，潜移默化地为学生灌输创新精神，培养学生创新、创业的主动意识。

第三，构建“课程、活动、实践”三位一体的创新创业教育体系、创新创业服务体系、创新创业孵化实践体系，形成创新创业的大体系、大平台。通过创新创业通识课程体系培养学生的创新创业意识，激发他们的创新创业热情；通过“大创”“互联网+”“创青春”“挑战杯”、科技创新等创新创业主题活动培养学生的创新创业素养；通过创客空间等平台让学生进行创新创业实践，培养他们的创业能力。综合培养学生的创新创业意识、

素养、能力，让他们不仅具有创新创业意识，还要有创新创业的素养和能力，把想法转变为实践。

（九）发挥科技创新成果在创业中的作用

第一，成立创新创业孵化园，重视各类创新创业比赛成果的转化。学校成立创新创业成果转化机构，对所有参赛项目，特别是在各类比赛中获奖的项目，聘请专家进行二次评审，筛选出成果转化性强的项目，由创业基金会进行资助，实施项目孵化工程。

第二，开展“校企地”对接活动，搭建创新创业成果转化平台。建立创新创业项目成果登记系统，将学生创新创业项目或者待转化的科研成果进行登记。学校根据需要组织举办创新创业成果转化推介会，从而形成学生与企业“双向选择”、政府保障的良性模式。充分发挥学生的创新科研优势，借助企业的资金帮扶，享受地方的优惠政策，促使学生创新创业项目落地实施。

第五章 大数据时代下高校教育管理与信息化的多元融合

第一节 微信公众平台与学生管理的融合

一、微信公众平台的技术基础

“在信息技术高速发展的今天，微信公众平台作为一款基于网络平台下的通信软件，在人们的生活中显得越来越重要。”① 微信凭借其丰富的社交、资讯、娱乐功能，走进了人们生活，其庞大用户群、海量资讯，为微信公众平台在高校学生管理中的应用提供了便利。将微信公众平台用于高校学生管理中，能够实现“两维一体”管理，实现新媒体与传统管理模式的对接，充分满足了新时期的学生管理工作要求。微信公众平台的技术基础具体有以下内容。

第一，自定义菜单。通过微信中的自定义菜单，可以设置多个响应动作，用户点击菜单后，即可接收相关响应，自定义菜单的设置让微信公众号内容的展示更易操作，具有人性化特征。

第二，页面模块。页面模块是公众号中的功能插件，由“列表模板”“封面模板”组成，可以将素材保留在公众号空间，设计时可直接调取。

第三，第三方平台技术。在微信的发展下，打造公众号成为各个企业打造品牌的重要手段，创设公众号，需要第三方平台技术支持，现有的第三方平台多种多样，这类平台通过了官方认可，在设置链接后，可以直接替代公众号功能，如快站、侯斯特、微管家等，不需要编写原始代码即可发布信息。第三方平台技术具有的显著优势包括：①丰富的功

① 杨亮星：《微信公众平台在高校大学生管理与教育中的应用探析——以新疆大学物理科学与技术学院为例》，载《山西青年》2017 年第 21 期，第 230 页。

能，微信公众号中自带的基础功能很难满足使用要求，借助第三方平台的接口可进行二次开发，提供丰富、多元的服务内容；②人性化数据统计，通过第三方平台，可以获取“粉丝关注”“用户消息”“粉丝取关”等功能，呈现效果更具人性化；③服务便利，第三方平台有独立的服务支持平台与官方网站，除了公众号本身外，还可以提供学习、咨询等服务，扩展了学生管理工作的创新管理内容。

二、学生管理工作的主要需求

1. 学生管理者的主要需求

平台构建的主要目的是为了满足管理者需求，其内容包括：思政教育、实务管理、心理健康教育、校内生活服务，利用公众号为学生传输好视频、好文章，以鼓舞其快乐生活、认真学习、端正态度，并提供课表查询、成绩查询等实务化功能，减少日常工作压力。考虑到管理者使用便利的要求，在平台构建过程中，要突出其易操作性、便捷性，确保管理者有能力构建、应用。

2. 学生主体的主要需求

针对各方需求，通过详细分析、筛选后，可将公众平台管理模块简化为“信息发布”“自主查询”“自助办公”“在线交流”四个方面。通过信息发布，能够完成各类信息宣传，包括校园新闻、招生信息、社团活动等；自主查询则对接图书馆、成绩管理系统，为学生提供成绩查询、书目查询等功能。自助办公与校园后台连接，为教师提供班级管理、文件收发等服务。在线交流则旨在促进生生、校生、师生的交流与互动，利用班级博客，学生可以讨论问题、交流心得；利用留言板，学生可与教师、管理者反馈意见，及时解决问题。

三、利用微信平台开展学生教育管理工作

运用微信开展高校学生教育管理工作是教育管理和网络信息技术发展的时代产物，是可能和可行的，但同时也不是万能的，是有限的。从发展的角度来看，随着网络信息技术的发展，微信最终将会被更先进、更完善、更合理的新产品所取代，那时又将产生适合于时代的全新教育管理工作网络载体。就当下正处的“微信时代”而言，只有充分利用微信开展教育管理的优势，克服劣势，才能促进高校学生教育管理工作卓有成效地开展。

（一）微信公众平台在学生管理工作中的应用优势

第一，创新教育载体。微信公众平台这一特殊载体让教育模式、内容更具活力，在传

统学生管理工作中，多是应用讲座、会议、研讨会、教室的形式，而公众号可以播放音乐、图片、视频等，学生可以随时随地接收信息，将其进行二次转发，让管理工作变得更加直观、生动，顺应了时代潮流。而数字化技术的应用，能够营造生动、趣味的管理情境，让学生更易接受。

第二，一对多提升效率。传统管理模式中，无法为学生提供一对一指导，管理效率低下，在日常管理中，常常遇到学生反复咨询而管理者无法及时回复的情况，沟通不到位，也对其他工作带来了影响。利用微信公众平台，充分发挥出平台的双向互动性，让管理者与学生更好地交流、沟通。

第三，解决学生管理脱节问题。借助网络构建的公众平台，集宣传、引导、教育、交流、服务、学习等功能于一体，成为网络学习、交流沟通、宣传引导的载体，能够充分了解学生想法，倾听其心声，及时发现学生群体的问题并进行心理疏导，充分解决了传统的管理脱节问题。

第四，缔造特色品牌文化。如今，文化发展呈现出多样化趋势，要在多样文化中占据一席之地，高校在文化建设上也要与时俱进。微信具有庞大的用户群体，学生在订阅公众号后，可及时获取学校信息推送，包括学术报告、校园文化生活、学生服务、学校品牌形象等内容，让高校成为名副其实的移动大学。

第五，突出推送内容特色。相比于传统宣传手段，微信公众平台中的信息内容更具个性与特色，针对管理内容的不同，推送的信息侧重点不同。例如，在“后勤服务”上，即可以“人本”作为服务定位，坚持“三服务、两育人”，为高校师生提供后勤服务保障，其内容也是突出生活服务，如水电费缴纳、活动通知；而“图书馆”方面，主要推送与图书咨询方面相关的服务，并提供借书、还书、图书查阅等功能。

（二）微信公众平台在学生管理中发挥能效的策略

1. 创新内容以服务为先

微信公众平台中的内容，有原创文章、校园新闻等，而重复的图文推送方式很容易让学生产生抵触情绪，要让学生真正关注，需要应用灵活多变的推送方式，积极开发公众号的其他功能，引进中文、美术、技术人才，做好网络管理队伍建设工作，保证校园内容准确性、新闻推送及时性与服务内容全面性，不能简单敷衍，更不能抄袭其他公众号作品。同时，开辟学生喜闻乐见的话题内容，如创业、职场、星座、娱乐等，做到以学生为主、以服务为先。

另外，高校须对学生开展全面分析，以通过有效的方式帮助其弥补短板，以实现网格化管理目标。对于每一次的量化考评内容，都要记录在学生档案中，结合日常工作来分析学生的动态发展趋向，以促进学生的全面发展。网格化管理是一种新型管理模式，将其应用在高职护理专业学生管理工作中，满足了人性化管理要求，能够解决传统管理模式的问题，值得进行广泛推行。

2. 创新网络安全知识的传播思维

（1）引导高校自媒体发挥在正面网络舆情发布中的积极作用。网络舆情范围广泛，传播速度快，功能强大，容易引发群体性事件，使学校形象受到影响。高校网络舆情在自媒体时代里，传播力和影响力不容忽视。如今大部分高校在微信上都有自己的公众平台，高校学生管理工作者合理地规划和适度管理微信公众平台，引导正能量消息的传播，积极与学生进行互动，并开展各种有组织的、创造性的主题活动，牢牢地把握主动权。校园微信公众平台将成为新的手段、工具来进行教育管理思维创新，对高校自媒体在网络舆情发布中发挥正面积极的作用有着重大意义。

（2）建立多层级互补合作，确保学生工作的全覆盖和高效率推进。媒体队伍的形成可以提高学校教育和学生管理在媒体传播思维创新方面的效果。一方面，在校园文化建设、心理健康教育、就业规划创业指导等方面，管理者根据学生习惯、学生爱好和学生兴趣安排各种教育材料，开展信息管理。另一方面，团委学生会、高校学生社团聚集微信公众平台上积极的信仰、态度和情感，与学生保持频繁、广泛的接触，从自媒体微信公众平台上加强互动性和合作性；宣传、教学、后勤等关键部门是高校网络舆情工作参与的重点部门，也应该成为舆论工作的重点，因为高校基于微信公众平台的学生管理思维创新是特别注意甄别的，信息发布要认真甄别，加以联动。

3. 创新微信公众平台的运营管理思维

（1）合理定位，建设高校服务性微信公众平台。自我管理和建设的高校自媒体平台，要科学规划和合理定位。要以思想道德思维创新教育和心理辅导为主要功能，可以用新闻和信息为主要特征的传播来建设微信服务工作平台。高校管理者操作官方微信公众平台，可以结合高校的实际情况，设置不同的类型、功能、形式，结合主账号的子账号数目不同，但是一定要呼应主账号，相互配合。例如，学校团委、教务处、后勤处、学生处、办公室、宣传部、校学生会等官方微信账号联动的发布与管理。基于自媒体微信公众平台的高校学生管理思维创新，先考虑自身定位的问题，再确定为学生服务的内容和推送的方式，及时收集学生的反馈意见和建议，以做进一步的改进。这样能更有效地进行学生管理，达到事半功倍的效果。

（2）丰富议题内容，提升高校微信公众平台网络教育特色。目前，传统高校微信公众平台主要用于发布校园消息、学校通知，在校内承担的是宣传和传播的功能，是一个以学校为基础的自媒体平台，但是，这还达不到学生管理思维创新的目的。高校要做到在从自媒体平台上容易被学生接受，就必须站在学生的角度去思考问题并解决问题，对学生要具有亲和力，可以用一些平易近人的方式以及风趣幽默、活泼生动的语言，以吸引学生主动去了解、主动去关注的方式加强学生管理。还可以设置一些贴近学生生活的栏目，学习、就业、创业、爱好和其他主题的微信公众账号，用诙谐的图片、发人深省的话语来发布原创信息，改变媒体的刻板印象，同时保持严谨务实的特色。站在丰富议题内容的角度，可以分为以下的思维创新方式。

第一，提供的议题内容具有一定的实用价值。与学习相关的各类考试，从解读到指南再到查询成绩，这些都是具有实用性的文章。在毕业季的时候，可以增加就业信息和创业指南等方面内容来吸引学生阅读和转发。根据不同的实际情况、不同的学生群体需求，做不同的调整，达到最佳效果。

第二，提供的议题内容具有一定的教育价值。首先，管理者可以通过自媒体微信公众平台推送优秀的个人和集体的先进事迹的内容，最大限度地发挥激励机制的有效性，对大学生产生积极的影响和树立道德榜样。其次，管理者可以选择推送短篇的文章、教育图片、教育漫画、教育视频，对学生进行零散式教育。学生可以利用排队时间、课间时间、等车时间等这些碎片化的时间进行阅读。最后，可以对学生进行集中式教育，在某个时间段或者时间点开展学习活动，发布热点议题。

第三，提供的议题内容具有一定的娱乐价值。诙谐幽默、活泼生动、通俗易懂、新鲜有趣、富有创造力的文章和话题向来是受大学生欢迎和喜爱的。其中，在推送的内容用有趣新鲜的方式表达的同时，能够满足学生各方面的需求，如社会实践、志愿服务和学校社团活动。这种话题能满足学生的社会需求。又如，美食和校园趣事的推文能够满足学生的生活需求。另外，还可以配合学生的爱好兴趣，通过自媒体微信公众平台的思维创新，讲究人文关怀，从以人为本、为学生着想的角度出发，换位思考，充分为学生考虑，如天冷提醒学生添加衣服注意保暖、考研前发布鼓励信息等。

（3）提高微信公众平台后台技术和功能性，开发多样的平台推送形式。微信公众平台的后台操作相对复杂，需要强大的技术支持，这是实现创新的关键。目前大部分高校微信公众平台的技术运营团队实际情况是很薄弱的，管理者应重点加强技术培训，积极引进艺术、计算机等专业技术人员，加强网络传播管理队伍的建设。根据当前大学生的个性和兴趣，与大学生多多互动沟通，了解他们真正的需求，开发多样的平台推送形式，保持对高校微信平台的新鲜度以及对高校微信平台管理的认可度，才能更好地为学生管理工作服务。

4. 创新网络传播管理的队伍建设思维

（1）提升网络传播管理者自身素质。提升高校思想政治教育工作者的媒介素养，可以帮助学生增强处理媒体信息的能力。为了更好地提高大学生的媒介素养，教师需要不断提高自身的媒介素养，让学生从纷繁、重复、大量以及各式各样的信息中选择有用的信息；对大学生的心理、情感、兴趣、思维等变化要有所把握，改进方式方法；高校应该开展微信公众平台上的教育思维创新课程，利用假期时间，鼓励高校教师开展网络素养教育。此外，设置网络素养的培训课程，也能提高教师的思想政治工作的整体思维创新与素质教育，帮助他们加强自我学习和自主学习的能力，提高网络质量，提升网络素养。

（2）优化校园微信公众平台团队建设。校园微信公众平台是一个虚拟的网络产品，由管理者控制并且掌握信息传播，所以需要进行管理，尤其是对管理者的管理，而不是对微信公众平台本身的管理。通过制定规章制度管理学校，培养一个专业的微信自媒体团队以及年轻有活力的志愿者团队；实施员工培训，设置引导舆论趋势的专职人员等，由这些群体组成的微信运营和管理组织编辑日常内容，丰富在线内容，确保微信平台正常、安全、有效运行。只有提高校园微信公众平台团队的建设，使其真正成为校园文化的领导，充分发挥微信公众平台在校园的影响，才能在自媒体时代引导大学生认知更多元的价值观、人生观和世界观，传递正能量。

5. 创新微信公众平台的后台管理机制思维

（1）宣传部领导下的学生自主管理。近年来，随着微信自媒体的不断发展，教育部门积极探索利用微信公众平台等自媒体手段，微信公众平台已经成为教育宣传的重要平台。管理者可以利用微信公众平台后台，在任意时间段查看用户数量和用户属性，分析统计用户关注人数增长或者减少；可以研究对阅读人数、转发人数的分析等有关统计，使统计更加全面和深入。高校微信公众平台是大学文化和特色的继承，其每天的推送内容，无时无刻不体现学校形象，展示学校内涵。大学微信公众平台可直接与教学管理系统连接，使学生可以在微信公众平台里查看自己的课程考试结果、选修课等。学校应该做好微信公众平台内容推送的监管工作，在学校宣传部领导下，做好线上线下宣传工作，提供有力的后台支持。

（2）以学生为本，服务为先。微信公众平台推送的信息有校内新闻和校内话题等。微信公众平台在校园的内容，一般而言，有校园新闻、原创的文章和图文并茂的消息。微信公众平台对学生用户的吸引力日益减少的原因就是重复的图文推送形式。作为一个具有学生管理平台作用的微信公众账号，应该推送各种形式的消息，灵活变通，积极开发其他功能以及对微信公众平台后台技术的处理。拥有强大的技术支撑，才能实现思维创新。管理者应该加强思想和技术的培训，积极引进美术、中文、技术方面的人才，加强网络传播管理队伍的建设，才能更好地为学生管理工作服务。

高校微信公众平台管理应更加重视校园新闻的及时性、校园活动内容的准确性以及学生服务内容的全面性，认真地编辑真正的新闻和原创文章。同时，高校要开辟新的有特色的栏目和原创文章来吸引学生。另外，可以增加学生感兴趣的话题，例如，娱乐、星座、创业、职场等信息。还可以通过将学生的微信账号和教务账号进行绑定以及进一步增加后勤服务功能和图书馆功能，利用微信平台提供的高级接口，实现教学管理的校园移动办公自动化，同时又能满足学生的学习移动生活。总而言之，以学生为主，激发学生的个性和思维的创造力格外重要。

以服务为先。第一个是服务在校学生。日常生活中，餐饮服务、校车服务、图书服务等跟学生生活密切相关，学校后勤部门应该构建一个服务型微信公众平台，使在校学生既能专心学习，也能无忧生活，形成一个积极向上的校园氛围。第二个是服务毕业生。就业是高校毕业生关注的热点，可以联合企业和事业单位等用人单位在微信公众平台共同推出就业板块，在校园网络的支持下，为学生提供最新的招聘信息，提供一个帮助毕业生看清目前就业形势以及对目前就业政策解读的栏目，帮助学生就业发展或者创新创业，并且提供给学生就业指导和职业规划的信息，帮助学生了解就业的注意事项，实现全过程和全方位的服务，为大学生提供及时的、最新的就业辅导，以增加他们的就业机会。

第二节　校园微博文化与班级管理的融合

一、校园微博文化对班级管理的影响

（一）微博“关注”功能对班级管理的影响

微博的“关注”功能，很自然地建立起双向的互动模式。辅导员老师、班主任可以通过微博关注自己的学生，及时掌握学生的思想动态、生活变化。同时，发动学生广泛使用

微博，并关注辅导员及班级其他同学的微博，这样保证每一位使用微博的同学都能够更了解辅导员的工作和想法，增进对老师的理解。通过微博的“关注”功能，老师和同学能够实现良好的沟通互动，突破思想上的隔阂，保证班级管理思维创新的顺利进行。

（二）微博“评论”功能对班级管理的影响

匿名特性使得微博使用者能够说出自己的真实想法，教师通过对学生的微博发表评论，进行上下沟通，形成反馈意见，对于从中发现的学生思想困惑以及出现的心理问题，及时给予正确的引导或采取其他相应措施及时解决问题，从而使自己的学生管理工作能做到有的放矢，增强时效性和针对性。同时，对于学生微博中表现出来的消极情绪和失当言论，老师可以通过评论的方式进行监督，营造积极向上的校园氛围。

（三）微博“转发”功能对班级管理的影响

微博的“转发”功能可以让用户把自己喜欢的内容一键转发到自己的微博，还可以同时加上评论。辅导员可以将学生工作中的相关通知、活动信息和教育资料等信息“转发”给“关注”自己的学生们，再利用学生间的互相“关注”来传播信息，从而提高日常学生工作的效率。另外，将与学生密切相关的热点问题通过转发加评论的形式传递到学生中去，引导学生关注某一重大事件和话题，并展开积极讨论。

二、校园微博文化与班级管理融合的创新应用

“在日常教育中，实现微博与教育的有效结合，不仅可以实现教育各领域的无缝对接，对学生进行全方位的引导，而且可以构建学校、家庭和社会共同参与的、开放的、平等的班级管理平台”①，微博文化使得班级管理进入了一个全新的领域。

（一）班级管理工作中应用微博的价值

1. 利于掌控学生的课余时间

学生有较多的课余时间，由于自身的约束能力较弱，难以控制自己的时间和行动。大多数家长由于工作的原因也疏于对孩子的监督，因此，课余时间是学生思想最容易产生问

① 董洪福：《班级微博为班级管理装上 GPS 导航系统》，载《求知导刊》2014 年第 11 期，第 151 页。

题的一个重要时段。在这种情况下，微博就可以帮助我们进行高校班级管理。

（1）辅导员可以以个人名义或以高校班级的名义在某网站建立微博，这就可以成为一个高校班级成员之间交流的平台。为了提高学生的积极性，辅导员和个别学生可以先以学生较为感兴趣的内容为话题，让大家都能够积极参与进来。

（2）个人可以在上面自由发表言论，探讨学习上的问题，进行朋友之间的交流，当然还有师生之间的交流。学生这时也比较愿意讲出一些可能当面不愿讲或不太能够讲出口的话。这样，辅导员就可在高校班级管理的真空时段做生活的指导者、学业的传授者、心灵的倾听者，可以促进对学生情况的了解。

2. 利于提高班级集体凝聚力

利用微博这个载体可以促进班级班务公开，加强对班级进行常规管理，为创建具有较强凝聚力的班集体提供保障。因此，一个具有凝聚力的班集体的形成绝非易事，也就更需要利用一切能够利用的资源和机会来实现这一目标。

辅导员或班干部可以通过班级微博及时地将学校或院系班级发布、制定的各项制度措施传达给学生，学生可以通过班级微博发表自己的意见想法，家长也可以通过微博随时了解子女所在班级的最新动态并发表自己的见解，这样就可以实现教师、学生和家长三者之间的互动交流。由三方互动所最终确定的班规就能最大限度地满足学生和家长的期望，能更好地提高班级整体凝聚力。如果学生在网上养成了关心班集体的习惯，肯定会直接或间接地对现实中的班集体建设产生积极而深远的影响，使学生在交流中形成正确的人生观、价值观和世界观，进而养成良好的行为习惯。

3. 为师生与家长的交流提供平台

课堂时空上存在限制，学生的学习仅仅就是单纯地从教师那里记录、背诵知识，这不利于学生学习意识与创新思维的形成。在传统教育教学模式中，由于年龄、心理的特殊性，很少有学生愿意向教师或家长面对面地倾诉自己的困惑。高校班级微博的出现，为学生提供了一个可以倾诉的途径，因为它具有一定的身份隐蔽性，而利用班级微博，可以在同一班级、同一专业的学生之间进行各种学术交流与互动，可向老师提出自己对其在教学方法或教学内容上的建议、看法或疑惑。

4. 利于师生进行情感的交流

（1）老师与学生之间。教师把教育思想、教学要求、教研情况、教学反思以及生活琐事、思想感情记录在微博上，学生则把对于课堂的理解程度，对学习的态度、动力，以及情绪变化等通过微博平台来进行分享，通过交流，增进了师生彼此之间的了解与信任。微博作为一种表达工具，对学生的情商发展提供了一个场所。此外，情感交流也为课堂教学创造了有利条件。现在最常用的教学方式还是面对面的授课，这种教学方式由于每节课的短暂性，以及课与课之间的间断性，不仅使得教师不能很好地扩展教学内容，也使得教师对学生的了解以及教师与学生之间的沟通缺乏连贯性。而把微博运用于教学当中，其随时记录性让学生能充分地发表自己的意见，将自己的思想在上面真实地表露出来，并且同学之间不同观点的发表也有利于大家思想的交流。教师也可以通过彼此间的动态记录，真切地了解学生目前的思想情况，便于有针对性地进行思想疏导。

（2）学生与学生之间。运用微博这个平台，学生之间能够形成较好的同辈群体环境，有利于促使学生之间的价值观发生潜移默化的影响。所谓同辈群体环境，是指由家庭背景、年龄、爱好、特点等方面比较接近而形成的关系比较密切的群体。日常生活中由父母和教师进行的思想教育，大多数是按社会公认的规范和价值标准进行的，而同辈群体却有自己独特的价值标准，这些成员的价值观就产生于同辈的日常褒贬之中。在以学生为主的微博中，同辈群体之间这种对话式的思想交流，可以对对方产生潜移默化的影响。

（二）校园微博文化与班级管理的创新目标

微博的出现，为高校班级管理提供了一种新途径。利用微博为师生搭建一个相互交流的平台，成为高校班级管理的新趋势。在此过程中，我们要明确管理思维创新的目标，这对有效地进行高校班级管理思维创新有着指导性意义。班级管理思维创新的核心目标是学生的发展，高校班级管理的实质就是让学生的潜能得到最大限度的开发，其效力的提高需要加强信息化建设。微博的使用无疑给学生提供了一个思想交流、资源共享和互助互进的平台。微博班级管理是将微博运用于教育管理领域，以班级为单位建立集体微博，由班主任/辅导员和学生共同参与的管理思维创新模式，这拉近了班主任/辅导员与学生、学生与学生间的距离，使得管理更为深入、细致，实现了成员间零技术门槛、零障碍的交流。

高校微博班级管理目标，总体而言，就是要追求班级管理的最大效益。班主任/辅导员除了与学生进行面对面的交流外，班级微博可助其跨越时间和空间的限制，从学生更易接受的角度进行班级内部的深入了解和平等交流。他们通过微博的互动走进学生内心世界，发现每一位学生的特长，同时也能及早发现问题并予以纠正处理。微博即时性的表达功能和便捷的互动交流功能不仅能提升班级思维的活跃度、增强班集体凝聚力，而且也使教育工作的开展更为人性化。

（三）校园微博文化与班级管理的创新特点

第一，公开性。对于班级管理而言，公开、公平是十分重要的方面。班级是组成学校的最基本的单位，组成班级的是班级学生个体和教师等。班级微博的发布能够面向所有班级成员，一定程度上让班务变得更加公开透明。而班主任或班级辅导员也可以将与班级建设和管理相关的信息发布在微博上，保证了信息的流通与量化、公开与透明，同时能够使班级决策具有说服力，增加班级凝聚力。

第二，民主性。理想的师生关系基本特征是“民主平等、相互配合、共享共创”。班级管理的民主性体现在相互尊重人格和权利、相互理解、平等对话等方面。利用微博进行班级管理思维创新比传统的班级管理更能吸引班级同学的参与。通过网络图像、表情、视频等媒介给网上班级活动带来更多乐趣，它比制度约束更能发挥作用。在微博中，学生是自由的，可以出谋划策，真正实现自主性；学生也可根据自己的实际情况去选择想要了解的内容，而不是被迫接受。因此，其更容易调动学生接受教育的主动性，更容易发挥他们的能动作用，也有利于他们的个性发展。

第三，开放性。利用微博进行高校班级管理是一种开放式的管理，在微博上，教师和学生、教育者和被教育者、管理者和被管理者的身份有所差别。在这里的管理者并不一定是领导或教师，可以是班级中的任何一个学生，学生可以根据自己的兴趣爱好进行发表，表达最真实的自己。对于班级博客的管理和维护，每个人都能够参与。

第四，互动性。互动性是利用微博进行班级管理思维创新的一大特点。在微博上，每一个参与者都可以表达自己的观点，发表一些感兴趣的话题，利用电脑、平板、手机上的微博客户端在任何时候、任何地点参与讨论，加深彼此的了解。而且这些讨论都会记录在微博上，供其他人查询和阅读，它有可能成为一个知识的精华区；在他人的微博上，学生也可直接点击进入，开拓了信息交流渠道。

（四）校园微博文化与班级管理的创新内容

第一，思想政治观念管理思维创新。微博中信息发布和互动专栏的多样性特点，使之成为数字化时代大学生思想政治教育的新形式。通过发布与时事政策相关的班级微博、调查投票、回复与辩论等互动，引导班级学生对社会焦点的关注和思考，培养学生们的爱国情操。作为教育工作者，应该抓住时代的脉搏，抓住学生的兴奋点，有效运用微博这个集体平台来实现管理工作的新突破。

第二，目标与心态管理思维创新。在微博网络文化环境下，大学生理想人格被赋予了新的标准：在信息浪潮中，能够具备信息辨别和解读能力，养成良好的自我意识；在虚拟空间中，能够保持人格尊严和自我尊重，维持和谐友好的现实人际关系；在微博网络民主气氛中，关注、转发的信息文明健康，能积极参与文明社会的构建；在微博网络校园生活中，能够更加努力地学习专业知识，充分利用微博实现知识的实时更新。

第三，教学信息管理思维创新。在班级微博上，可以共享各任课教师的基本情况、班主任情况、学生情况、班委会情况、班干部情况等。除了教学信息的公示传达外，更重要的是对教师的教学效果进行监督，避免了学生有意见不敢提、不方便提的局面。其客观上是对教师的一种督促和反馈，有利于教学相长。

第四，班级常规管理思维创新。在班级常规管理中，所涉及内容包括奖助学金评优评干、考试报名、活动安排、个人信息、就业与考研等，学生只要登录微博就能清楚地了解本班的最新动态，及时获取最新的班级通知与活动组织信息，这就避免了信息传递的不及时和不到位，同时也提高了工作效率，是能够实现师生之间双赢的管理方式。

第三节　网络舆情机制与高校管理的融合

一、网络舆情机制与高校管理融合的原则

（一）信息公开原则

高校应当加强信息公开工作，充分利用有效途径与网民保持良好的沟通和接触，充分尊重网民的知情权，即时发布官方信息，对网络质疑的内容主动解答，形成良好的互动，满足网民的信息需求，避免谣言滋生。

（二）以人为本原则

在网络舆情应对中，要尊重网民的知情权和监督权，并结合网络舆情反映的内容，及时做好解决措施，把师生利益、高校形象作为决策的依据，最大限度地赢得网民、社会和师生的支持，共同努力解决网络舆情带来的负面影响。

（三）快速反应原则

网络事件发生后，能马上形成官方有效的回应，有效防止事态的进一步扩大。在高校网络舆情管理中，要求热点问题和重要舆情涉及的高校作为第一责任主体，学校负责人为第一责任人，快速组织各部门协商处理，明确工作，分工落实，积极回应。教育主管部门也要指导好高校应对工作，提高网络舆情应对的科学化水平。

（四）维护校园稳定原则

教育主管部门要客观地分析网民关心的热点问题，能及时发现和回应不实信息，在第一时间发布准确信息，掌握网络舆情的主导权，释放正能量，降低不良影响，维护校园稳定。

（五）注重形象建设与危机处理原则

当处理网络舆情时，要立足于政府和高校自身形象建设的角度，与网民进行良好的互动，听取网民对高校管理工作的建议和意见，并对暴露的问题进行有效整改和及时通报，使教育主管部门和高校更加具有公信力，这样能提高教育主管部门和高校的自身管理创新水平，得到社会更多的支持和拥护，提升形象。

二、网络舆情机制与高校管理融合的建议

（一）正确认识高校网络舆情管理

1. 高校网络舆情反映现实问题

网络舆情的产生大多数是现实社会矛盾问题的反映。由于存在网民对社会的习惯性批评和负面信息容易传播等因素，网络舆情传播速度迅猛。在现实社会中，高校网络舆情管理同样要着眼于教育主管部门和高校的现实管理，要多与实体部门沟通，处理好实体事件，将线上线下工作相互联动，以求网络舆情问题的解决。

2. 利用网络舆情双刃剑服务政府决策

网络舆情是把双刃剑，一方面，存在网络谣言等危机事件等问题；另一方面，能反映网民智慧和合理化建议，有助于政府部门和高校能做出正面的决策。在现实管理中，政府出台的政策总有人会在网络上评论，有些是情绪发泄，有些是中肯的观点表达，有些是建

设性的意见提供，只要是从群众利益出发、符合管理实际的，都应该支持，并且采纳到政府的管理决策中去。引导网民积极参与政务，提出合理的建议和对策，为高等教育事业发展和社会稳定营造良好的舆情环境。

3. 转变政府工作理念，利用互联网思维指导工作

在互联网日新月异的发展过程中，我国迎来了大数据时代，智慧城市、智慧校园等建设突飞猛进，高校网络舆情管理也需要教育主管部门有“互联网+”思维的创新意识，善用互联网新技术，用“互联网+”思维加强教育主管部门和高校的信息公开工作，将工作模式互联网化，多渠道宣传相关政策，深入跟踪和解读政策信息，预防谣言的产生。同时教育主管部门领导和高校管理创新队伍应主动与网民互动，加强网络沟通，倾听意见和建议。

高校网络舆情还应引入网络舆情监测技术，目前国内网络舆情监测的技术已有飞速发展，如中国人民大学、复旦大学、上海交通大学、清华大学、北京大学等高校目前已经建立舆情研究所，复旦大学的计算机辅助电话访问调查系统、北京大学的网络公关系统网络舆情应对平台等网络舆情监测和管理平台都有助于提升高校网络舆情管理的技术化水平。

（二）加强引导创新，建设高校网络舆情管理队伍

1. 构建多方协同的管理创新架构

教育管理部门应当成立高校网络舆情工作领导小组，内设高校网络舆情管理中心，负责日常高校网络舆情管理事务，主动回应高校网络舆情的问题，形成政府主导性作用，同时借助社会第三方和部分高校专业网络舆情监测中心的力量，对高校网络舆情进行监管。

教育主管部门要制定政策，要求高校内部形成网络舆情管理队伍，高校党委成员按照“一岗双责”的要求，对职责范围内的意识形态工作负领导责任，形成以学院党政为核心，宣传部作为职能部门，各分院、学生处、教务处、团委、保卫处协同的管理体系，并专门成立网上信息调研队伍，对各类论坛、微信群、QQ 群等信息进行广泛收集。负责网络舆情引导的队伍，可以由学校的思政教师、心理教师、学生辅导员、德高望重的专业教师、法律老师、优秀学生干部等组成，专门负责日常网络舆论的引导工作；建立专业的网络舆情信息收集核心团队，配备专职人员，收集并分析高校网络舆情信息。

2. 加强培训，提升网络舆情管理员素养

要做好高校网络舆情管理创新，人才是第一关键。教育主管部门要组建专家库，从专业角度加强网络舆情管理；同时指导高校设立网络舆情管理员岗位，网络舆情管理员要具

备较强的政治、专业、心理等素质和职业素养，才能应对当前复杂的高校网络舆情管理工作。教育主管部门要定期开展网络舆情管理员的培训，制订年度培训计划，对区域高校内网络舆情管理员进行系统培训，提高网络舆情监测的监测、过滤、屏蔽技能，发挥网络舆情管理员的网络舆论引导能力，对于重大突发的网络舆情做好解释工作，引导网络舆情朝着正面有利的方向发展。

教育主管部门每年进行优秀网络舆情员评选表彰，高校内部同时做好评选，并与绩效考核挂钩，打造出一支素质、政治、技能三项过硬的网络舆情管理队伍。

3. 培养新闻发言人

《关于进一步加强教育新闻发布工作的实施意见》确立了高校新闻发言人制度，并确定高校主要负责人为新闻发布工作的第一责任人，带头接受采访，把握方向，解决问题，引导舆论。在建立新闻发言人制度的同时，要对新闻发言人进行培训。新闻发言人在发言时，要围绕政府执政为民的指导思想，要以人民的根本利益为根本；要有一定的媒体素养，在发言时表现亲民，语句精炼严谨，避免再次引发网络舆情。

4. 完善网络舆情的研判机制

教育主管部门应当形成一套对高校网络舆情管理的研判机制，建立一支网络舆情分析队伍，对他们的要求是政治过硬、沟通能力强、业务素养高；还需要对网络舆情的研判有一个较科学的研判流程。通过收集、分析、鉴定，最终形成舆情报告，需要有一个层层把关、沟通的过程，准确预判舆情的走势，提出问题的根源和解决的办法，在舆情报告中体现解决问题的对策，使教育主管部门和高校在网络舆情处置过程中的决策更加有效、精准。

总而言之，高校网络舆情管理队伍建设是需要建立在教育主管部门和高校联合的基础上的，需要从教育主管部门出发，成立高校网络舆情管理中心，建立第三方网络舆情监测中心，管理高校网络舆情；在高校层面应有分管领导牵头，设立网络信息中心、宣传中心和舆情应急处置指挥中心。网络信息中心主要是对网络实名制、网络监管、网络舆情的信息收集；宣传中心主要是信息公开发布、网络舆情研判和预警；舆情应急处置指挥中心主要是新闻发言人和各职能部门，联合组织应对处置网络舆情。

（三）完善高校网络舆情管理创新的相关制度建设

1. 完善网络舆情管理创新的规章制度

我国的网络舆情管理创新规章制度有《互联网等信息网络传播试听节目管理办法（修

订征求意见稿）》《关于规范网络转载版权秩序通知》《互联网用户账号名称管理规定》《中华人民共和国网络安全法（草案）》等多条法律法规。但就高校网络舆情管理制度而言，需要在实际工作中不断完善规章制度。

从实际管理操作来看，高校要按照教育主管部门要求落实校园网实名注册、校内官方网站和微信订阅号的备案机制，设置信息审核制度。对各部门和分院制定网络舆情的管理职责，制定校园网络舆情的检查制度值班制度、汇报制度以及岗位责任制度。对于广大师生，要按照《全国青少年网络文明公约》《文明上网自律公约》等法律法规，引导师生文明上网，依法约束自己的网络行为。高校网络舆情管理条例同样要写入高校的管理规定中去，在制度上保障网络舆情管理。

2. 加强信息公开制度的创新建设

教育主管部门要大力建设微政务平台创新，善于应用新媒体发布权威消息；同时制定政策，要求各高校建立官微体系，例如，学校、各分院团委学生会、招生办等建立官方微信，并就信息发布、点击等情况做考核要求，拓展新媒体的应用，巩固宣传阵地建设。教育主管部门还可以对高校进行年度考核，评选出“十大高校官微”，并对各高校官微建设进行排名，对排名靠后的高校提出指导性意见，并落实整改。积极应对多元文化、社会思潮对校园宣传文化和校园意识形态的影响，努力发挥宣传文化阵地的正面引领作用，把握舆论主导权。

通过建设好“政府教育部门—高校”两级的官方网络平台，在网上与社会、高校师生进行有效沟通，满足他们的知情权、参与权、监督权，这样不仅能消除误解，更能提高教育主管部门的管理水平，吸收民智，提升教育管理工作。

3. 构建完善的问责制度

教育主管部门要制定对高校网络舆情事件建立问责制度，要在第一时间进行认真的调查，及时向公众反馈，根据人民网舆情监测中心指出的新媒体网络舆情事件处置的“最佳4小时”范围，进行该方面的过程管理考核。教育主管部门对高校党政领导的“一岗双责”“党建责任制”等均要有所体现，在问责制度上予以保障，对引起相关高校网络舆情事件的相关人员和单位进行问责，并及时向社会反馈问责结果。在问责的过程中，利用新媒体平台广泛收集民众意见，准确把握和预测舆情的走向，合理化解负面不利影响，防止舆情反弹。

教育主管部门还要按照高校的“安全稳定隐患排查化解工作制度”的总要求，做好网络舆情工作的重点部署、排查、整改工作，确保校园和谐稳定。要注重师生网络道德法制教育，动员师生积极学习一定法律基础知识，用网络法律来约束自身的行为。

（四）加强监测技术创新，完善网络舆情采集工作

1. 加强网络舆情监测的技术创新

高校网络舆情的成因是复杂的，为及时了解高校网络舆情信息，应当建立实时的高校网络舆情监测机制，密切关注校内重点网站、论坛、微信群、QQ 等社交网络。提高校园网络监控的技术水平，提升高校网络舆情管理的现代化水平。目前绝大多数高校都通过校园网络使用登入备案的客户端实名认证和校内论坛实名注册，保留上网日志记录，实现网络创新管理。

在大数据时代，高校网络舆情监测除了人工采集还需要有大数据采集分析平台，要加大高校网络舆情监测的投入。高校应当加大对网络监控的技术建设，添置校园网络舆情监控设备，利用技术手段对网上不良信息进行过滤，同时聘请第三方协同管理。教育主管部门制定政策，要求高校加大在网络舆情监测上的投入，同时划拨专项经费，并检查高校整改落实情况，树立典型，推进高校网络舆情管理的技术能力提高。

2. 提升网络舆情的信息报送机制

教育主管部门在建立高校网络舆情组织建设时，应加强对高校网络舆情信息的收集制度，高校可以根据需要配置总舆情信息员，也可以按照需要设置各部门、各分院的舆情信息员。每天由各高校舆情信息员推送网络舆情报告，经过整理和审核，报送教育主管部门领导做工作批示。按照批示要求，传达至相应的部门、高校等贯彻落实，对于较重要的高校网络舆情还应报送教育部、省委宣传部、公安局等处理。建议区域范围内设立《教育舆情信息》内刊，开展网络舆情收集工作，通过网络舆情的收集来预防高校网络舆情的发生。教育主管部门和高校要对收集到的高校网络舆情做出整改，并及时回应，提出明确的处置意见，并及时办理。

（五）健全创新机制，提高网络舆情处置能力

1. 形成政府、高校联动的机制

在高校网络舆情的监测、收集、处置过程中，需要建立一支“教育主管部门—高校（舆情管理指挥中心）—二级学院（部门）—班级（教师）”的四级舆情工作协同机制。

（1）做好日常的舆情信息收集，做到随时上报，保证舆情渠道的畅通，并适时召开会议，分析舆情动态，防患于未然。

（2）在处置网络舆情过程中，能有条不紊、按照计划步骤处理，消除影响，减轻危害，保障网络的安全运行与信息安全，使网络舆情势态往好的方向发展，确保校园稳定。

（3）形成网络舆情管理创新指导思想，分解工作职责，如当网络舆情产生后，保卫处和网络信息中心按照规章制度要求，删除恶意信息，暂时关闭相关网站和服务，追查信息来源，消除影响，必要时迅速报告上级教育主管部门和公安部门。

（4）积极与学校师生进行线上线下互动，赢得师生的信任和支持，主动引导舆论，创造有利于化解矛盾、澄清事实的网络环境，形成正面宣传的舆论，当高校形成网络舆情事件时，能第一时间发布官方消息，教育主管部门也要主动出击，应对网民疑惑，减少网络舆情事件的影响。

2. 构建政府主导的高校网络舆情监测资源共享平台

由于网络舆情监测技术在硬件建设上要求比较高，对专业网络舆情研判团队等方面都需要高额投入，同时也会出现重复建设，因此教育主管部门在高校网络舆情监测工作上还可以做一些统筹工作。以公开招投标的形式引进第三方网络舆情监测系统，或者委托区域内较专业的高校负责管理，打造专业网络舆情监测、分析、管理团队，进行有偿服务。同时与已有较好基础的高校进行强强联合和资源共享。

（六）加强政府创新管理，提高网络舆情的线下管理以及引导

1. 加强指导，提高高校管理的综合治理水平

教育主管部门对高校网络舆情管理进行年度考核。将高校网络舆情纳入高校平安校园建设、文明校园创建、示范院校建设等创建内容中去，促进高校加强网络舆情管理。同时，高校要按照学校章程依法治校，促进教育管理能力现代化。

（1）要加强教师群体的道德素质和专业水平，预防教师队伍出现言行不当的现象，建立师德师风考核标准，把高校教师网络言行不当作为对高校教师的考核依据之一。

（2）加强工作业务能力，把服务做到位，尤其是在学生比较关注的学校制度改革、食堂、住宿环境等方面做好各项工作，深入开展全校宣传教育活动，维护校园稳定，建设平安校园。

（3）加强问题收集机制，按照信访管理相关办法办理群众来信来访，定期开展师生座谈会，及时做好问题的回复和解决。

（4）丰富文化校园建设，充分发挥文化育人功能，注重高校自身的品牌建设和形象塑造。

2. 加强意识形态管理，提升网络自律意识

高校网络舆情的主体是师生，因此高校网络舆情管理的关键在于做好网络真情的正面引导。教育主管部门要加强对高校在意识形态方面的创新管理。在引导高校思政课堂、形势与政策教育、思政实践教学基地建设、文明单位结对等渠道的基础上，充分利用新媒体信息传播开展学生思想政治工作，增强思想政治教育的感染力，甄别信息，澄清事实，净化网络环境，发表主流健康的网络信息，疏堵结合，及时沟通。引领青年学生增强理论自信、制度自信、文化自信，为培养中国特色社会主义事业的合格建设者和可靠接班人做出积极努力。特别是要加强高校师生的网络媒介素养，对国情、社情充分了解，提升学生网络信息的甄别能力，弘扬社会主义主流价值观，让学生成为网络舆论正能量的传播者。

处于大数据背景下的高校，其学生网络舆情管理机制的构建可借助于运用大数据技术。本书通过对大数据背景下高校学生网络舆情特征的介绍，结合大数据技术对高校学生网络舆情管理的应用价值，分析了当前高校学生网络舆情管理存在的问题，包括管理机制不健全、管理模式落后、专业技术人才欠缺等，提出了挖掘关键用户资源、完善监测体系、建立预警处理机制、引导机制等策略，以期为消除网络舆情对高校产生的不良影响提供借鉴意义。

随着互联网技术的迅猛发展，以微信、微博、QQ、论坛等为代表的社交媒体对网络舆论传播方式产生了很大影响，传统的舆论传播格局正发生重大改变。换言之，互联网的出现和发展改变了传统的舆情表现方式。高校作为人才培养的重要基地，历来是思想的发源地和舆论的聚集地。高校青年学生由于具有较高的综合素质、活跃的思想以及敏锐的洞察力，往往热衷于对发生在身边的校园安全、涉及切身利益的学校管理以及社会观的学习积极性。

3. 健全成人教育制度以及管理机制

成人教育机构应健全成人教育制度和管理机制，通过校园管理、师资建设、学风建设等方面带动成人教育学生的心理发展。

首先，认真落实校园管理制度，奖惩严明，对发生作弊等不良行为的学生给予严肃处理，对成绩优异的学生给予合理奖励。其次，加强成人教育师资队伍建设，提升教师自身能力和师德修养。通过定期的校内培训和校外学习，提升教师团队的教学能力和专业素质水平，从而增强成人教育师资力量。最后，推动校园学风建设，提升成人教育教学质量。根据成人学生的心理特征，加强对课堂教学效率的重视，建立学生学习效果评价机制，严肃考纪，建立良好学风，引导学生以正确的态度对待学习。

第四节 区域教育信息化与教育均衡的融合

从复杂理论来看，教育信息化作为一种人为的复杂变革行为，需要教育教学的设施、资源、平台、环境等物质要素的改变，也需要教育教学结构、流程的再造，更需要变革的内外部参与主体自身的提升，达到“物”变、事“变”和人“变”相统一，才可能真正实现信息技术与教育教学的深度融合，实现区域教育信息化的全面发展。回望和审视发现，我国区域教育信息化推进一直采用“政府投入、学校使用”的实施策略，这种方式有其固有的优势，亦有其先天的不足。区域教育信息化推进涉及的因素、主体多，关系、过程复杂，任何单一主体或单一力量都难以准确地把握和预知复杂的教育信息化推进的全貌，都难以仅凭一己之力实现区域教育信息化的全面推进。任何一方力量的独立演进，都无法实现真正有效的突破，唯一的出路就是多方合作，协同创新，形成合力。因此，厘清复杂的教育信息化推进中的各参与主体间的关系，促成政府、企业、高校等教育信息化推进所涉及的外部利益主体群与以学校为代表的内部利益主体的多主体、多领域、多学科、多方向的协同合作，提高各参与主体的责任意识和能力，是当前教育信息化持续推进的重要保证。

为此，在区域教育信息化推进实践中的实际做法与经验，形成了“目标一致、多方参与、分享利益、共担责任、协同推动”的区域教育信息化四方协同推进机制。该机制以“解决现实问题，推动区域教育信息化发展”为目的，以“多方协同发展，创新教育教学实践，提升区域教育教学质量”为理念，以“共享资源、共担责任、相互支持、协作共进”为策略，努力推动区域教育信息化的发展与进步。

“四方合作、协同发展”是区域教育信息化四方协同推进机制运行所秉持的基本理念，这就要求高校、政府、企业和学校四方在区域教育信息化推进中充分发挥其自身优势，承担起责任。高校（特别是高等师范院校）负责为区域教育信息化提供理念引领、理论引导、实践指导等智力支持工作。通过参与区域教育信息化推进政策制定、区域规划、制度建设等具体工作，为区域政府提供智力支持和决策指导；通过与企业合作，引领企业为信息化教育教学提供有力、有用的信息化资源和产品，为企业研发提供智力支持和技术指导；通过参与学校的信息化教育教学变革，为信息化教育教学实践提供理论指导和支持。政府负责区域教育信息化推进中的政策制定、资金筹措、协同协调、推动行政等责任，为区域教育信息化推进提供政策保障和资金支持；为高校、企业参与区域教育信息化建设提供政策和制度保障；为区域学校提供信息化教育教学变革提供资金支持。企业负责为区域教育信息化推进提供技术与服务。

在区域教育信息化推进的基础设施建设、资源开发阶段需要企业技术等的支持，在信息化推进的教育教学应用阶段同样需要企业的运营维护等服务，以保障教育教学顺畅运行。广大学校是区域教育信息化推进的主战场、主阵地，是具体的实践场域，提出区域教育信息化推进的具体需求，并积极参与教育信息化推进实践和研究工作，从而变革教育教学过程，提升教育教学质量。当然，区域教育信息化四方协同推进是以高校、政府、企业和学校四方的“合作、协同”为前提，以推动区域教育信息化发展为核心目的的。高校、政府、企业和学校在参与教育信息化推进的过程中扮演着不同的角色，发挥着不同的作用，同时还有着不同的利益诉求。

具体而言，高校在区域教育信息化推进理念、理论研究、信息化教学实践以及学教师信息化教学能力培养等方面有着绝对的优势，同时其自身的教育信息化研究、人才培养以及社会服务等责任诉求也需要地方政府的政策支持、资金保障，需要企业的技术支持与服务保障，需要学校的实践平台；区域政府承担着“推进教育信息化，提升区域教育教学质量”的社会任务，要为区域教育信息化推进提供政策支持和资金保障。同时，为了有效完成这些工作，它需要高校在政策制定、区域规划、资金投入等方面的智力支持，需要企业技术和服务等方面的支持，需要学校的积极参与；企业在为区域信息化推进提供技术与服务的同时，需要高校对产品研发、产品应用等方面提供策略、方法等智力支持，需要得到政府的政策与制度保障，需要学校的认可与应用；学校自身的发展需要教育信息化基础设施的建设，需要信息化教育教学资源的开发，需要优质信息化教师补充和在职教师的信息化教学能力培训，需要信息技术与教育教学的深度融合，提升教育教学质量。可见，参与区域教育信息化推进的各方在目标上具有一致性，在需求上具有互补性。这为区域教育信息化推进中参与各方分享资源、共担责任、协同合作提供了必要的主观和客观条件，为高校、政府、企业和学校四方在区域教育信息化推进中协同发展，变革区域教育教学，提升区域教育教学质量，培养适应社会需求的信息化人才提供了可行路径。

一、区域教育信息化推进实践——以“咸安”为例

创新区域教育信息化协同推进机制的根本意义在于通过整合高校、政府、企业和学校多方资源，协调各方利益，汇聚各方力量，发挥各方优势，协同推动，实现“以建促用，

以用促建，建用结合，建用互促”的信息技术与教育教学和谐、深度融合。当然，这一结果的实现不可能是一蹴而就的，而应坚持以“合作、协同”为原则，充分发挥高校、政府、企业、学校的主体职能和优势，实现优势互补，形成合力，在“创新体制机制、优化信息化环境、发展数字化师资力量和信息化教学日常化”等工作的推进中逐步实现区域教育信息化的全面发展。为此，结合咸安区教育信息化推进实践，详细阐述四方协同机制的运行与作用机制，以为区域教育信息化推进实践提供范例。

（一）创新教育信息化推进体制机制

近年来，区域教育信息化虽得到了快速的发展，然而由于推进主体间的沟通不畅、协作不力，始终没有实现信息技术与教育教学的深度融合。为实现区域教育信息化推进新突破，创新协同机制，建立数字学习，积极落实并保障质量成为区域教育信息化推进面临的首要任务。

1. 创新“四位一体”的信息化协同推进机制

所谓“四位一体”是指在区域信息化推进办公室的统筹与协调下，建立将区域政府、大学、企业和学校协调起来的区域教育信息化推进共同体。在建立区域教育信息化推进共同体的基础上，明确参与各方的特色和优势，以“发挥各方优势、实现协同协作”为原则确立地方政府、大学、企业和学校等参与主体在区域教育信息化推进中的具体任务和职责，制定内部管理制度，形成协同协作机制，进而实现区域教育信息化的持续发展。

2. 建立数字学校，实现学校间的“互联互动”

数字学校是指为实现区域优质教育资源共享共用，从根本上解决农村教学点和薄弱学校“开齐课、开好课”的问题而从网络平台建设、组织管理、运行机制等方面组建的一所具有独立建制的、教育行政主管部门主管的、虚实结合的数字化学校。从咸安数字学校建设实践推进上讲，首先，以城镇中心校为“主干”，以教学点为“枝杈”，以同步互动课堂、视频专递课堂等教学组织形式而建立的教学共同体，实现中心学校与教学点间优质课堂教学资源、优质数字化资源共享共用；其次，建立各种决策、管理机构，负责协调参与学校和教学点，管理相关事务，从而保证各教学共同体教学的正常、有序开展，并进一步建立区域教学共同体间的互联互动机制，实现区域内优质课程教学共享。

3. 制订推进方案，完善问责机制

发挥大学在区域教育信息化推进的引领作用，与区域决策部门一起从多个维度统筹规划区域教育信息化推进工作，形成具有较高可执行性的解决方案，如《区域教育信息化实

验区试点方案》《区域信息化教育教学应用推进工作方案》《区域骨干教师 TPACK 能力培养计划》等，并分步落实。同时，建立区域教育信息化推进问责机制，即明确信息化推进参与各方的“权”与“责”，并加以推进，促使各参与主体积极发挥自身作用和职能，持续推动区域教育信息化发展。

（二）协同多方力量优化信息化环境

“自上而下”的教育信息化推进方式容易形成规模效益，并能在一定程度上降低成本，但也容易忽视区域的实际需要，造成教育信息化建设适应性不强、可持续性不够等问题。因此，依据区域需要，充分整合政府、大学、企业、学校甚至其他社会组织和机构的资源和力量，统筹规划，协同推动区域教育信息化环境建设是解决以上问题的必然选择。

1. 合理布局规划

依据区域实际需求，发挥大学的智力优势，整体规划，合理布局，对推动区域信息化环境建设有着重要作用和实践意义。为此，咸安区政府与协同合作单位华中师范大学共同对咸安区教育信息化基础设施、教育信息资源以及教育教学的现实需要进行调研摸底，了解区域实际需求，并依据区域需要，共同协商区域教育信息化发展目标，制订整体规划，厘清区域教育信息化基础设施、资源等的建设任务，明确各参与主体的具体任务，实现建设有理有序。这既有利于基础设施、工具、资源等建设的长期规划，又可以防止重复建设，实现可持续发展。当然，在区域推进规划制订的过程中，大学充分利用其领域研究优势，为区域政府决策提供了智力支持，保证规划科学、合理，且具有较强的前瞻性，做到建而有用、建而适用、建而实用。

2. 整合力量协同建设

信息化环境建设需要合理地规划，也需要持续地执行。为此，充分整合各类企业力量，发挥企业自身优势，协同合作，为区域教育信息化建设提供技术解决方案（如网络环境建设技术解决方案等），推动基础设施建设，甚至通过与软硬件厂商合作，为区域提供适宜的软硬件及平台，共同推动教育信息化建设。同时，创新企业参与区域教育信息化环境建设方式，如在咸安教育信息化推进过程中，创造性地应用了公私合作模式（PPP），鼓励私营企业、民营资本与政府合作出资建设基础设施、平台和资源等，完善教育信息化环境，优化技术支持与服务。这不仅推动了区域教育信息化建设，还拓展了企业参与教育信息化的路径，为信息技术融入教学、促进教育教学发展提供了技术支持与服务保障。

3. 建设数字化优质资源

丰富的区域数字化资源是保障信息化教学持续稳固进行的前提。为此，在咸安教育信息化推进中，充分协调大学、政府、企业和学校四方力量，发挥各自优势，分段分层建设数字化资源。第一，充分调动企业力量，参与基础资源建设。即积极引导企业参与区域信息化资源开发建设，并通过“企业开发，政府出资购买，学校使用”的方式，为学校各学科建立基础性资源，为信息技术与学科教学融合提供基本保障。第二，结合教学需要，进行二次开发。学校一线教师作为教育信息资源的使用者，在教学应用中积累了丰富的资源应用经验与体悟，逐渐形成了较强的资源洞悉能力。他们最了解教学过程中在何时何处需要何种形式、何种内容的资源，对资源的好坏优劣有较高的体认。因此，以大学教师为指导，以企业技术人员为协助，以学校一线教师为主体对基础性课程资源进行二次开发，不仅有利于发挥各方的优势，还保证了资源更贴近教学，更实用、更好用。第三，开展资源创建活动，丰富教育信息资源。发挥区域政府的主导作用，发挥大学的引领作用，在区域开展活动，丰富区域优质信息化资源。即由政府出台政策推动，由大学课程教学论教授、学者以及区域教研员形成教学资源建设指导团队，指导学校一线教师在教学实践中结合授课需要，创建优质课程资源。

（三）开展教师信息化教学能力培训

教师信息化教学能力的提升是一个长期的、持续的发展过程。现行的信息化教学能力培训是由国家统一实施的，针对性不强、适应性不足，且缺少对教师个人信息化教学能力发展的整体考虑，甚至在相关培训项目实施了十余年之后，对教育教学的影响仍显得不够有力。为此，在咸安实验区教师信息化教学能力培训中，协调各方力量，发挥各方优势，协同推动培训工作。即由区域政府出资，由高校和区域教育部门联合成立培训队伍，通过调研分析，获得区域信息化教学能力培养需求，并从内容、实施和评价三个方面对区域教师信息化教学能力发展和培训做整体设计与规划，确立“分层精选培训内容”“三层轮训”“常态跟踪评价”等具体培训实施策略，力争通过培训实现“理论学习与教学实践”“集中培训与日常教学、教研”的全面贯通，实现教师观念的转变、理论的习得与技能的掌握，进而实现教师信息化教学能力的全面提升和专业素养的持续发展。

1. 分层设计培训内容

不同的教师群体需要不同，培训内容亦应不同。为此，在调研的基础上，针对不同教师群体分层准备培训内容，从而满足教师信息化教学能力培养的实际需求。例如，为“校长组”准备的培训内容是“提高认识、转变观念、形成理念”“信息化教学推进实施策略与管理”等内容，而“信息化教学骨干教师组”除了转变观念，更重要的是信息化教学能力提升，即提升教师的信息化教学理论素养，丰富信息化教学设计知识，提高信息化教学技能及深化教学机制。

2. 轮训提升教师信息化教学能力

为了适应教师信息化教学能力发展的实际需求，把培训延展为“信息化教学的观念意识”“知识与技能”“实践能力”三个层次的轮训，不仅有效联系了信息化教学理论和实践，还衔接了培训前后，实现了教师的知能转化。

3. 实施研修使教师信息化教学能力自觉发展

为解决当前教师信息化教学能力培训中普遍存在的“培训前后脱节”“培训与教学、教研衔接不够”等问题，咸安实验区充分发挥高校专家团队和区域教研队伍的专业优势，积极组建线上线下结合的教研团队，推行教师信息空间建设，推进教学研修工程，这不仅衔接了培训、教学与教研，贯通了培训学习与训后应用，还提升了教师的个体能力，促进了专业发展。同时，还建立了包括信息化教学能力发展自我报告、能力观测和发展过程信息记录三个方面的常态跟踪观察评价体系，通过常态观察和定时反馈，促进教师自省、自律，形成信息化教学能力发展自觉。

（四）协调多方力量推动信息化教学日常化

教育信息化的本质是创新和促进教育变革，其根本在于实现信息技术与教育教学的深度融合，实现信息技术在教育教学中应用的日常化。然而，时至今日，还没完成信息技术与教育教学的深度融合。为推动信息技术走向教育教学，实现信息化教学日常化，咸安实验区协调各方力量，组建信息化教学指导团队，配备技术服务人员，建立信息化教学研修共同体，开展“一师一优课，一课一名师”“同课异构”信息化教学实践与研修活动，推动信息化教学日常化。

1. 组建教学指导队伍

充分发挥大学信息化教学研究和师资优势，与区域教研部门联合组建由高校学科教学论教授、教育技术专家和教研员共同参与的信息化教学指导团队，负责信息化教学咨询、解疑；同时，利用网络技术和工具打造沟通交流平台，按学科组织由学校一线教师、教研员、高校学科教学论专家、教育技术专家及其研究团队成员（如高校专家所带的硕士、博士）等人员组建的“线上虚拟环境”与“线下真实情境”相结合的教研团队，完善信息化教学服务支持环境和机制，努力通过“线上与线下结合的教研团队”实现实时的服务，满足日常信息化教学的支持与服务需求。

2. 配备技术服务人员

信息化设备的正常运行是保证信息化教学持续进行的前提。为此，在咸安教育信息化推进中，充分发挥企业的技术优势，由政府出资，企业参与，为区域配备专门的技术维护服务人员（或由受过培训的信息技术教师担任），保证信息技术设备的正常运行，保障信息化教学的正常开展。

3. 联合开展信息化教学应用实践活动

信息化教学日常化不是朝夕的事情，而是一个需要历经“实践—反思—再实践—再反思”的循序渐进的过程。为此，由政府行政管理部门出面组织，大学专业教师与教研部门人员参与指导，由学校一线教师参与，积极开展“一师一优课、一课一名师”“同课异构”等信息化教学实践活动。通过实践，形成信息化教学体验，积累教学经验，反思并化生教学机制，形成信息化教学自觉，从而真正实现信息化教学日常化。

二、区域教育信息化与教育均衡融合的成效与反思

（一）区域教育信息化与教育均衡融合的实践成效

区域教育信息化的推进从来都不是单方力量可以实现的。为此，在咸安信息化实验区教育信息化推进中创新并践行了区域教育信息化四方协同推进机制，即整合大学、政府、企业和学校等多方力量，合力推动数字学校建设，优化信息化环境和资源，提升教师信息化教学能力，并通过组建信息化教学指导队伍、做好信息化教学指导、技术服务与运维等逐步实现了区域信息化教学应用日常化。通过多年努力，不仅在区域信息化环境优化、数字化师资力量提升、数字化教学日常化等方面取得了明显成效，还提高了教育教学质量。

总之，随着区域教育信息化的持续推进，信息技术与区域教育教学的不断融合，信息化教学的日趋常态化，区域教育教学质量得到明显提高，社会对教育教学满意度也越来越高。在区域教育信息化推进中，各参与主体充分发挥自身优势积极推动区域教育信息化发展，同时也在实践中促进着自身发展。如，大学为区域教育信息化推进的区域规划、技术方案的制订、企业产品的开发等提供了智力支持和决策指导，还积极组织人员参与信息化教学变革研究，带领研究团队进入教学一线指导实践，这些工作不仅为大学服务社会提供了途径，还通过“把论文写作课堂上”等做研究的形式，实现了理论研究与实践的结合，

切实了培养人才，提高了人才质量；政府同样在协同中为区域教育信息化推进和教育发展提供了更好、更有效的决策和服务，提升了区域教育教学质量。企业亦在技术与服务中，得到了智力回馈，优化了产品，提高了服务能力；学校则在协同中实现了自身教育信息化的跨越式发展，提高了教育教学质量。以刘祠小学为例，它原本是一个列入撤并的教学点，但借助信息技术工具和手段，让学生的学习变得积极、主动和投入，并稳步提升教育教学质量。

（二）区域教育信息化与教育均衡融合的实践反思

区域教育信息化四方协同推进机制及其在区域的践行虽取得了明显的成效，但若要将其推广到其他区域还存在一些困难。

第一，需要考虑的是区域教育信息化四方协同推进机制及其实践的可移植性。区域教育信息化协同推进机制对参与各方具有较高的要求，不仅要求各参与主体拥有强烈的参与意愿，还要求各方拥有充分准备及自身优势。如对于区域政府，不仅要具备较高的统筹协调能力，还要能创新思路，持续投入，并能有效地协同各方共同推动区域教育信息化工作；就大学而言，不仅要求其拥有具备较高教育信息化推进研究的专业团队，还要求专业团队成员拥有强烈的参与意愿、足够的研究热情、充沛的精力和时间，以及对信息化教育教学变革的长期性、复杂性的高度认知和不为名利的付出精神，才可能为区域信息化推进提供不间断的智力支持和服务；就企业而言，不仅要求其拥有先进的技术和优质的服务，还要求企业能积极与其他参与各方协商、协作，了解需求，积极研发，为区域教育信息化推进提供更为贴切的技术支持与服务；对学校则要求其拥有教育信息化变革的意识和意愿，并能积极调动一线教师参与其中。

第二，需要考虑的是教育信息化协同推进组织的复杂性。区域教育信息化协同推进机制的实施，不仅要求区域拥有具备优势的各方，还要求能够协调各方力量，形成合力，共同推动教育信息化发展。当然，区域教育信息化协同推进不是参与各方的简单组合，也不是流水线式的协作，而是各负其责，共同锻造。这就要求参与各方拥有较强的合作意识和足够的默契。同时，还要有适合的协同机制，从而协规同力，共同推动区域教育信息化建设。

总而言之，区域教育信息化协同推进机制虽为整合多方资源、推动区域教育信息化环境建设、提升教师信息技术能力、促进信息技术与教育教学的融合等提供了可行的路径，但在推广中，还需要充分考虑各区域的具体条件和协同推进组织的复杂性，进一步探索合作的机制，完善协同的策略，以更好地、更有效地促进信息技术与教育教学的融合，推动区域教育信息化持续发展。

三、区域教育信息化与教育均衡的未来发展

所谓系统环境，是系统周围多元因素的集合体。在我们看来，针对教育大数据，其系统环境涵盖教育大数据发展的社会环境、应用服务、应用场景、技术体系框架等多个方面。在云计算以及大数据等现代信息科技的迅猛进步过程中，互联网的集成性和规模在不断增大。在教育信息化的实践过程当中，以往教育信息化通常是将学校作为单位实施的，这样的操作方法非常简便、可操作性强，但是也存在着很大的缺陷，那就是会造成不同学校间重复建设、资源浪费、数据不能互相联通共享等多个方面的问题，出现信息孤岛现象，让资源共享和资源利用率提升的目标无法实现。所以，将区县作为重要单位建立起来的区域教育信息化开始得到了重视，也受到了社会各界的关注与支持。区域教育信息化，把整个区域当作是重要载体，实施教育信息化顶层设计，积极构建集中性数据中心，对多元化的教育数据进行收集处理与反馈，给教育大数据的产生应用创造了良好条件。

与此同时，通过区域教育信息化建设水平的提升，能够在极大程度上突破区域教育不均衡的问题。我国正处在中国特色社会主义事业建设的关键时期，面临的教育环境多样而且极为复杂，城乡、区域、校际都存在着结构失衡的问题。不同类型的学校都着手构建数字校园，并在建设过程当中部署大量信息化教学与管理系统，持续不断生成着大量的教育数据资源。怎样创造性地对这些信息资源进行合理化应用，推动区域教育均衡进步，成了摆在教育综合改革面前的重大研究课题。

区域教育信息化建设的核心是数据，根本是课堂，重点以及关键点是应用，突破点则是创新。区域教育信息化的推广应用让教育信息化工程实践当中的诸多关键性要素得到合理化的调配，促进供需平衡目标的实现，同时也有助于满足学校与学生个性化发展的实际需要。在区域教育信息化持续发展和进步的过程中，教育资源与管理服务平台建成，各类教育教学平台建设完成，会聚集更大规模的教育资源与管理信息，建成能够支撑教育教学以及教育管理的综合教育大数据。借助大数据技术可以有效获得学习进程当中产生的一系列动态数据资料，让教学的整个过程被充分记录下来，这样获得的数据资料比以往的数据更为全面和更具真实性。有关教育机构可以借助数据准确了解教育教学的实际情况，保证教育决策的制定拥有正确和全面的根据。

发挥大数据技术在数据收集追踪等方面的优势，对所获数据展开全面综合统计研究与

挖掘，能够在极大程度上拓展学生学习与成才的机会，与此同时，还可以获得全面科学的发展评估报告。教育大数据可以研究教师专业化成长的信息，有效发现教师在教育教学工作当中存在的优势和缺陷，督促教师专业化进步，与此同时，还能够促进教师资源的合理化分配，让学校可以充分发挥自身的特色。大数据可以给师生的个性化学习提供坚实平台，推动个性化教育目标的实现；可以让区域教育聚焦师生和学校，让均衡发展和个性化进步协调一致；可以准确把握与评估区域教育现况，预测将来的发展态势，让区域教育均衡进步，彻底改变过去经验主义的决策制定方法，把客观数据作为根本依托，提高决策的科学性与准确性，让全域教育改革成效进一步增强。

在把大数据作为支撑助推区域教育均衡和可持续性发展时，我国国内的很多城市开展了试验与探索。例如，上海市构建的上海市学生学业质量绿色指标体系。这个体系不但收录了大量有关学生学业水平的数据资料，还输入了学习动机、学业压力、家庭概况、师生关系等多个领域的信息资料。通过对多元的教育数据资料进行收集和分析，可以让区域教育管理走上科学化的发展道路，同时还能够全面改善教育指导，优化教育行为，在未来会继续促进绿色指标体系扩大，建设更为完整的数据库，有效发挥大数据技术的优势作用，让区域教育走上均衡性和可持续性的发展道路，从根本上提高区域教育质量。

大数据背景下，大量教育数据的生成让区域教育走均衡发展道路，拥有了创造性的思路与启发，也为灵活科学地应用大数据技术推动区域教育发展拓宽了渠道。在如今这个大数据时代，为了促进区域教育又好又快以及均衡性发展，一定要将数据作为重要根据，掌握区域教育的动态发展情况，充分发挥大数据技术的利用价值，从教育环境、资源、机会与质量均衡这几个方面着手，多角度和多领域地助推区域教育均衡进步。

第六章 大数据时代下高校教育管理与信息化的实践研究

第一节 基于大数据时代的教学管理系统构建

随着科技的进步和高校教育的发展，教学的信息管理手段在教务网络管理系统上也正在由单一向综合过渡，这一发展不仅有利于综合教学管理水平的提高，而且能够促进综合教学管理效率的提升。大数据、云计算、智能化等概念的普及与应用，促使师生、教务管理人员对教务系统有了更高的要求。大数据的意义在于，能够对用户所要调查的一个事件进行多方面调查，并形成综合数据，为用户的决策提供依据，促使工作更加高效，决策结果更加科学。

一、大数据下管理系统建设的特点与意义

（一）大数据下管理系统建设的特点

目前大数据化的教育时代已经开启，如何有效拓宽高校大学生个人视野，让他们在探索走向新的多元化学习活动发展的道路上，选择一种完全适合自身个人学习活动特点的方式，开发新的多元个人群体学习活动潜力，是目前各高校的重要学术课题之一。

高校应充分利用网络智能终端、局域网、第五代移动通信技术（5G）等现代信息网络技术，有效整合高校优质教育资源以及信息网络管理资源，将院校优势教育资源融合在信息网络平台，实现教育资源、信息以及教育管理信息资源实时共享的教育运作管理模式。高校教育资源信息化以及教育大数据的一种综合应用优势，是高校实现教育可持续发展、提高高校优势教育资源管理体系建设现代化的一种重要途径。

（二）大数据下管理系统建设的意义

1. 指导规划教学的宏观战略布局

教育引入各种现代数字化教育信息技术，能够使我国高校进行更高端的素质教育，并且能够培育适应经济社会发展进步需要的、综合性高层次素质教育专业的人才。

高校通过大数据进行充分的资源整合，能够建设数字高等院校教育综合体，发展数字模拟科学教育信息系统，并且对我国高等院校教育计划的科学发展目标进行长期性和前瞻性规划，形成符合国家教育宏观规划的高等教育事业发展规划理念，以及国家整体科学发展教育战略规划方向，对高等教育科学技术专业人才进行长期的、点对点的精准科学教育人才管理。高校通过大数据信息化手段，能够充分调动高等教育专业技术人才从业者的工作热情，保证高等教育科学信息化管理技术及时更新、大数据系统建构及时生成以及系统运行及时维护。

2. 帮助提高基本建设的相关条件

在高等院校内部要进行教育大数据化基础设施的综合建设管理工作，院校基础教育设施化包括：教育网络的基础搭建与安全覆盖，以及大数据化教育设备的日常安装与维护使用。高校为了保证师生能够在教育园区内安全使用教育网络，以及其他数字化教育设备，就需要继续加强院校基础教育设施的综合建设管理工作。高校更多利用院校现有信息技术和基础设备，广泛覆盖院校教育领域各个教学单元，能够有效提高教育网络化、数字化技术在院校教育领域的覆盖率，提升院校教育教学管理能力获取更多文化教育成果。

3. 协助开发利用教育教学的资源

不论是在改变传统教育教学模式时期，还是在推进教育信息化建设时期，教育教学资源一直都是学校培育优秀教学成果的必需之物。在教育信息化建设时期，高校重视学校网络大数据化现代教育教学资源的整合建设，能够保障建设项目资金合理分配，以及建设项目人才的有效配置。高校充分利用现有网络大数据化的教育资源，能够推进学校教育信息化建设，培育符合信息化时代发展需求的人才。就教学而言，高校应该对已有的教育大数据化现代教育教学系统功能进行实时优化评估，能够方便系统地不断升级和再改造，适应网络社会和信息时代教育科学信息技术的同步发展，并确保能够及时更新和不断完善与现有教材的功能匹配度。

二、大数据对教学管理系统的影响

（一）大数据对教学管理系统决策的影响

教师不仅能够利用大数据对每个学生的个性状况和学习进度进行数据收集和分析，而且可以根据学生的差异性为他们做出合理正确的学习方案，从而促进学生的全面发展，真正做到因材施教。由于教师收集的数据不同于自己以往凭借感觉对学生的情况进行的主观评价，因此评价有着更加客观科学的数据作为基础，并且从这些数据出发做出的决策也能够有利于教学管理的发展，提高教学管理系统决策的科学性和有效性，从而实现对学生的个性化管理。

（二）大数据对教学管理系统业务的影响

一般而言，各个高校的教学管理业务包括人才培养方案、教学执行计划、质量监察、学生的学籍学位管理、教学过程资料管理、教师的课程安排、学生的课表、学生的学业信息等，这些业务中都蕴含大量信息，并且内容庞杂。因此，各大高校应该考虑如何正确利用大数据，提高教学管理系统业务的科学性和有效性。新技术给学校教育教学带来的新形式，如移动学习、在线学习、虚拟学校、云课堂等，这些变化带来了数据的积累，利用数据可以提升教育质量。

学习者利用数据进行深层次学习，学习提供者利用数据对学习内容和学生的学习情况进行分析，进而更好地改善教学方式，教学管理者则是关注教育教学整体的数据价值。例如，教师利用指纹、移动 APP 记录考勤，这样不仅能够更直观地看到学生的考勤情况，而且还可以利用大数据对课堂进行实时监控。教师可以在课后对课堂视频进行观看，对自己的教学状况有更为直观的了解，并且了解学生的课堂情况，以便在下次课堂做出适当的调整。教学管理系统业务通过大数据对行政流程进行优化，从而能够提高教学效率，并且节约成本，最终促进教学管理系统业务水平的提高。

三、教学管理系统大数据化建设的创新策略

“在高校教学管理中合理运用大数据思维不仅仅是一种技术，而且象征着一种创造性

思维。”①

（一）树立大数据教学创新的相关理念

大数据教学创新的相关理念，对于当前高校学生信息化教育改革发展具有一定的促进、指导、推动作用。为了达到牢固树立教学观念的目的，高校可以从两个方面着手：①各大高校应该积极探索符合自身的信息化教学管理机制和激励制度，对学校原有的教学实训基地管理体系和培训管理机制应该做出一定的改革创新；②高校须要持续大力推动教学管理措施创新完善工作，以制度性的管理方式，为整个高校信息化教学的持续发展提供管理保障，及时解决已发现的教学问题。

（二）创设大数据化教学管理氛围和情境

为了提升高校对教学大数据化管理发展和建设的重视程度，高校需创设大数据化教学管理的情境和氛围，以此来推进教学管理大数据化建设进程。各大高校需要顺应时代发展趋势，适时引入现代化的信息技术，对以往固有的教学管理模式进行创新和完善，集思广益，正确认知和理解教学管理大数据化建设，加大力度推进高校教学大数据化管理工作的深入和发展。

在高校教学开展期间，教学管理者须树立终身学习意识，时刻关注教学管理大数据化发展态势，转变教学管理理念，优化和完善教学管理中存在的问题，并且还须创建完善的大数据化教学管理机制。就法律层面而言，教学管理者需要严格约束自身的行为，以便可以更好地为高校教育及教学工作开展提供充足的保障。高校需要结合自身院校的具体情况，有针对性地制定符合自己院校发展的大数据化教学管理机制，最大限度地保障高校教学管理大数据化建设的持续推进。

另外，就教育工作人员而言，具备大数据思维意识也是非常重要的。所以，高校须科学地分析教学管理的相关数据，确保高校教学信息管理数据的精准度和民主性，尔后有针对性地实施教学管理大数据化的创新以及变革。在以往的教学管理过程中，高校及教师通常是以自身教学经验为主，通过采集教学信息以及创设教学情境的方式开展教学工作，而在大数据环境下，教学经验并非高校及教师实施教学管理的核心要素，最重要的是高校师生的个人数据信息。因此，高校需要对教学管理大数据化建设工作给予高度重视，以便更

① 沈丽丽：《高校教学管理中大数据思维的运用》，载《吉林广播电视大学学报》2020 年第 11 期，第 107 页。

好地推动大数据化教学管理改革进程。

（三）大数据化管理队伍的建设

为了有效提升高校学生教育管理工作教学质量以及工作效率，应当明确要求高校积极采取创新的大数据化管理模式。一方面，高校要针对学校管理人员进行统一队伍管理，包括学校后勤安全管理人员、图书馆财务管理人员、教务中心管理人员等；另一方面，高校要加强学校辅导员队伍管理。

辅导员在高校中扮演着品德引导者的角色，对于促进学生健康成长、提高学生道德水准具有重要指导意义。辅导员不仅可以在学生的日常生活和学习中及时给予必要的教育指导，调节学生的学习习惯，还可以在学生思想道德方面出现偏差时，及时帮助学生建立正确的世界观、价值观以及人生观，保证在校学生健康、稳定地学习成长。

除此之外，学校有关部门应当继续加强人才培训，促使学校大数据化管理人才队伍素质得到全面提升。另外，高校还应定期开展培训报告会或讲座等培训指导工作，采取更加多种多样的形式，制订培训指导方案，确定培训主要内容，不断提高培训管理人员队伍综合素质水平。

（四）完善系统平台的构建以及发展

高校应该尽快开发并推出不同学院适用的教学管理系统，使其既能够适用于不同学院的日常教学管理，又能够与不同学校的日常教学管理系统相兼容，有助于实现不同学院之间以及不同学校之间的数据共享。

我国高校学生在校期间获取教育资源的途径与形式多样，不同学院在进行教育系统网站构建与完善时，既要保证平台的实用性，又要更新完善各级人工信息系统管理软件模块及系统的主要功能模块设置，以确保该平台可以提高教学质量、提升教学管理水平。

（五）与时俱进实现全面数据化

随着互联网时代的发展，高校应当对教育管理平台所包括的财务管理信息系统、教务工作管理信息系统、教学质量评价考核管理信息系统以及学校事务管理信息系统等多个系统进行优化管理，以实现大数据的良好整合管理。另外，高校教学管理大数据化建设各项工作的开展，既是顺应新时代高校快速发展，以及教育科学信息技术同步发展的重要战略要求，又是高校不断提升综合教学质量与教育管理水平的重要途径。

总而言之，高校领导应该增加相应教学管理大数据化经费以及人力的投入，合理制定规章制度，实现人才资源的有效利用；高校教师应当积极转变教学思想观念，共同建设一支高水平的高校综合教学管理人才队伍，不断提升高校办学质量。

第二节　高校学生综合测评系统设计与实践

一、综合测评系统的设计实践

（一）测评系统设计的原则

高校在建设学生综合测评系统与设计技术方案时，项目组成员需要遵循如下设计原则，确保系统建设的可行与未来可更新。

第一，统一设计原则。高校应对系统结构统筹规划和统一设计，从全局和长远的角度来考虑应用系统建设的方法、数据模型、数据存储体系以及系统功能扩充等内容。

第二，先进性原则。高校应采用当前已经大规模使用、在领域内处于领先地位，并且在国际上符合未来发展方向的技术、软件和硬件设备来构建系统。

第三，高可靠性和高安全性原则。高校应在系统和数据架构设计过程中，全面考虑系统的可靠性和安全性。在设计安全性时，应提供各种检查和隐患处理手段，确保数据的准确性安全一致，保证系统正常运行与安全可靠。系统的设计应保护和隔离信息，并且充分共享信息资源，控制各个层次的访问，对操作权限进行严格的设置。

第四，可扩展性原则。高校应在设计信息系统时，确保设计简明，这样便于系统的扩展，满足业务未来发展的需要。同时，设计全新的信息系统时应兼容原有的数据库系统，整个系统应根据实际需要进行升级，实现系统之间的平滑过渡。系统界面的设计风格应统一、美观和易于用户操作，同时针对各个用户群，提供个性化订制的操作界面。

（二）总体架构的设计

新信息技术时代高校学生测评系统的构建，需要以云计算作为平台支撑，以大数据为核心，以物联网为主干网络，以智能感知作为主要信息来源，实现对学生信息的智能处理。

1. 物理感知层的设计

学生在校期间，通过校园网和无线网络登录慕课与各种在线学习系统进行日常学习，弥补传统课堂教学的不足，学生在学习过程中会留下大量的行为操作日志。通过校园一卡通刷卡，学生会留下消费记录和行为习惯，同时学生使用微博或者腾讯 QQ 空间发布图片、文字和位置等信息。通过采用物联网技术实现的校园一卡通和各种感应技术，它们都在全面感知学生在校的行为信息，实现数据的实时采集，为大数据分析提供数据源保证。这些海量的学生信息为通过数据挖掘手段，为获得学生在校的生活规律提供可能。感知层建立了现实世界与物理世界连接的桥梁。

2. 网络通信层的设计

智慧校园建设过程中，信息传输必不可少，其决定信息的流动，保证系统之间的信息交换。近年来，有线网络不断发展的同时，移动通信技术快速发展，并逐渐起主导作用，当前 5G 网络具有传输速度高、安全性能高、运行稳定性强、覆盖面广等特点，为实现设备之间的彻底互联互通提供保证。学生通过有线网络和无线网络，随时随地地实现高速互联，保证数据及时传输，当前建立学生测评系统的网络方面的基础条件已经具备。

3. 云计算以及大数据层的设计

在学生测评系统建设中，云计算与大数据层是核心，利用云存储保存采集的学生相关海量数据信息，采用大数据技术合理分析学生数据，构建数据挖掘模型，利用已有模型评测和预测学生的行为。同时，学生测评过程中，应强调个性化的服务理念，对每个学生提取已有的过去学习数据和行为数据，采用协同过滤、关联规则、基于内容的推荐算法等机器学习方法，分析学生的习惯和爱好，提供便捷化、个性化的服务，使分析结果能满足每个学生的特有自我测评分析。

4. 可视化层的设计

将学生数据分析处理的结果通过网页设计技术进行可视化显示，用户通过各种智能终端查看结果，与系统进行交互。学生测评的结果进行可视化展示时，应简洁美观，多采用图表等形式，直观地显示学生测评的情况，同时应考虑移动端的显示，使用户无论所处任何环境，都可以查看，以贴心的服务提升使用体验。

（三）系统功能相关模块设计

1. 基础平台模块设计

高校教育信息化程度在不断加深，业务繁多，各种系统被大量部署，产生与学生相关的海量数据，类型多样化过去以单机服务器处理数据、采用关系数据库保存数据的方式，已不能满足当前学生数据处理的需求。新的学生综合测评系统基础平台模块在设计时，要考虑采用云计算技术。海量学生数据在存储时，在传统的磁盘冗余阵列①基础上，引入分布式网络存储技术，在云计算平台上部署分布式系统基础架构（Hadoop）系统，打造大数据处理生态圈，利用 Hadoop 系统中的分布式文件系统（HDFS）存储学生日积月累产生的大量数据。同时，为进一步提升数据分析的能力，应该用当前流行的 Spark 平台分析处理数据，相对于 Hadoop 的分布式计算系统（Map Reduce）平行计算处理框架，Spark 在内存中运行速度更快，Spark SQL 允许开发人员采用类似 SQL 语句的方式分析数据，Spark Streaming 保证系统可以实时处理学生数据，机器学习库（MLlib）保证系统可以采用调用库的形式利用机器学习算法处理数据。

2. 数据分析模块设计

针对学生在校产生数据进行分析的模块，设计过程分两部分实现：①针对学生总体信息统计、一卡通消费、进出宿舍和图书馆等方面的数据分析，采用 java 语言编写程序调用关系型数据库管理系统的数据库接口，利用 SQL 语言中的命令和函数实现数据的统计与计算，该部分属于系统功能性的实现，因学生数据量庞大，故采用 hadoop 中的 Hive 与 Spark 平台中的 Spark SQL 结合实现，计算结果可以利用相关工具画出图形进行可视化展示；②针对学生在校情况综合测评模块，采用数据挖掘和机器学习的方法，从学生的个人信息、一卡通消费、课程成绩、进出宿舍和图书馆等方面提取影响测评结果的特征，采用 Apriori 关联规则算法、逻辑回归、聚类等多种模型分析学生行为的相关性，判断在校情况的好与坏。下面内容将详细论述上述各个模块的设计如何实现。

（1）学生信息统计展示模块设计。高校学生信息统计展示须采用 SQL 语言中常用函数来完成针对学生每一个属性信息的计算；如采用 sum 求和函数完成学生人数、不同民族学生人数等信息的计算：采用查询的方法统计每一个年龄段学生的人数。同时，须将上述统计结果利用饼图、柱状图等图形化的方法展示出来。

（2）学生图书馆活动分析模块设计。学生进出图书馆情况的分析包含两部分：一部分是高校学生一天从早上七点到晚上九点的总体趋势分析，将分析结果以曲线图的形式显示出来；另一部分是针对每个学生一段时间内进出图书馆、借阅书籍的记录分析。

---

① 冗余阵列是一种把多块独立的硬盘（物理硬盘）按不同的方式组合起来形成一个硬盘组（逻辑硬盘），从而提供比单个硬盘更高的存储性能和数据备份技术。

（3）一卡通消费分析模块设计。学生一卡通消费情况分析，需要统计学生不同性别、籍贯的人数，计算不同情况的比例，采用柱形图和曲线图显示消费的人数与金额，同时须统计每个学生的消费信息，为判断其经济状况提供依据。

（4）学生住宿情况分析模块设计。学生进出宿舍情况分析，以一天为单位统计学生的进出次数，标记其进出时间，同时以晚上十一点为起点，统计十一点以后进出学生的名单，编写邮件发送模块，将疑似未住宿名单发送给管理人员。

（5）学生在校情况综合测评分析模块设计。针对学生数据进行大数据分析，不仅体现速度快，处理能力强，而且可以利用大数据思维对学生数据进行未知的价值分析，为了分析学生在校情况的个人信息和各种相关性，系统采用 Spark 平台中的 Spark SQL 语句和 MLlib 机器学习模块进行数据分析。例如，分析学生成绩与出入图书馆次数的相关性时，可以采用 MLlib 库中的 Apriori 算法、关联规则算法等。Spark 作为大数据处理平台的显著优点是将机器学习算法并行化，充分利用内存计算的高性能，快速运行得出结果。在对学生进出图书馆与学生成绩的相关性、吃早餐与学生成绩相关性、一卡通消费与学生经济状况等分析的基础上，针对学生在校情况进行综合测评。首先，从学生个人信息、一卡通消费、课程成绩、进出宿舍和图书馆等表格中提取特征，进行特征相关性分析数据的标准化和归一化；其次，对数据进行训练集与测试集的划分，确定评价的性能指标，如准确率、查全率等指标；再次，采用 Spark 平台里机器学习库中的算法针对预测问题进行建模，如可以利用 K-means 聚类算法针对学生进行社区分析，判断学生的朋友范围，学生主要与哪些学生聚类在一起；最后，利用逻辑回归对学生进行分类分析，判断学生在校综合情况，给出测评的状况，如优或劣。

3. 数据中心管理库模块设计

信息化时代，学生从被录取到毕业，四年的大学生活产生了很多的数据信息，高校在学生被录取后，添加学生信息进入迎新系统，学生处建立学生档案，教务处录入学生人才培养方案中须学习的课程信息，后勤处办理学生的一卡通，网络中心提供学生上网账号，宿管中心安排学生的床位，图书馆办理学生的借阅证，这些工作需要学校各部门的系统来完成，学生入校后的整个信息被记录在这些系统中。

过去学生在校期间产生的大多为数字信息，数据量较少，现在学生人数增多且上网过程中在网络中心留下大量上网行为日志信息、校园内的各种监控设备记录视频信息等，学生数据的形式多样化，从以数字为主发展到未来的文字、图像和视频等形式并存的情况，大量的半结构化和非结构化数据的出现，使数据的存储量大幅度增加，高校学生数据进入大数据时代，针对海量学生数据的存储与处理是未来的新挑战。为了将分散在各部门系统中的学生数据整合到一个中心数据库中，在数据中心管理库的设计模块，要采用当前流行的 ETL 数据预处理工具，将项目中需要的数据从各部门系统抽取出来，建立数据仓库，保存抽取和清洗过的数据；须采用 Java 语言编写代码设计针对 hadoop 系统的 HDFS 模块操作的数据，实现数据到 HDFS 模块的管理；为提高数据中心库建立的速度，增强操作的方便性，可以采用开源的 Sqoop 子项目，辅助中心管理库的建立。

4. 可视化分析结果模块设计

学生综合测评系统在前面搭建的基础软件平台、数据整理进中心库、数据分析挖掘的基础上，须将分析结果进行可视化展示。系统还要进行管理模块设计，如建立用户的登录模块，对各种用户设置权限，方便各种用户在线查看分析的结果，因此系统需要设计数据、访问层、业务逻辑层、表示层等常用网站设计方法。项目在实现过程中，页面设计采用 JSP 完成，JSP 中提供了完整的数据驱动程序、页面显示程序，可以满足常用信息管理系统的设计。

在上述学生信息分析的过程中，必须考虑数据量太大的问题，大数据时代的数据分析不同于传统的关系数据库分析，关系数据库主要进行数据的增加、删除、修改和查询，其中查询大多通过 SQL 查询语言中的 Select 语句完成，根据需要设置 where 条件和进行 count 统计，这种方式处理速度慢，功能简单，无法满足大数据时代的数据处理需求。为了处理海量学生数据，项目采用 hadoop 生态圈中的 Hive 子项目或 Spark 平台中的 Spark。利用 SQL 进行数据的查询与统计分析，相对于关系数据库中的 SQL 语句，该方法将 SQL 语句转换为能在分布式平台上并行处理的方式进行多机同时执行，提高了数据处理的速度。利用上面方法，系统可以轻松完成学生一卡通消费、进出宿舍和图书馆、在校学生情况测评等统计与分析运算。

（四）系统非功能性相关设计

1. 程序资源访问控制

访问控制是在身份认证的基础上，鉴别用户的合法身份后，依据授权对提出请求的资源访问请求加以控制。访问控制是一种安全手段，既能够控制用户同其他系统和资源进行通信与交互，也能保护系统和资源，防止未经授权的访问，并为成功认证的用户授权不同的访问等级。学生测评系统在设计过程中，超级管理员、教师、管理人员和学生具有不同的系统使用权限，操作界面各不相同，需要设置程序资源访问权限控制。

2. 系统级安全设计

系统级安全设计是应用系统的第一道防护，在系统运行过程中，要做如下安全设计，如为防止校外人员访问系统，减轻系统的压力，限制访问的 IP 段为校内网段；为防止大量用户在某个时间段一起访问系统，对同时在线连接人数进行限制；对用户登录进行限制，限制用户在特定时间段内多次重复登录或设定登录次数等。

3. 数据安全设计

学生数据中涉及学生的隐私信息，数据使用过程中，应保证数据不被泄露，将数据存放在固定的磁盘，限制外人的拷贝和查看；数据分析的结果在显示时，应加以选择，保证不展示学生的敏感信息。

二、综合测评系统功能以及非功能的实现

（一）综合测评系统功能的具体实现

1. 云计算以及大数据平台搭建

（1）Hadoop 基础环境搭建 jdk 安装有三个步骤。①以自定义的 hadoop 用户登录，关闭各个测试服务器的防火墙。在 Ubuntu 中使用命令 sudo ufw disable 关闭防火墙。配置/etc/hosts 文件，实现四台主机之间通过 hostname 进行访问。利用 vi 编辑器编辑 hosts 文件，添加“ip host name”格式的列表。②下载相关软件安装包，解压 jdk-8u91-linux-x64. gz 到/usr/java 目录下，配置环境变量。③执行 java-version 命令，验证 jdk 环境的安装效果。SSH 免密码登录：接下来实现四台 Linux 测试服务器之间的 ssh 免密码登录。运行命令 ssh -keygen-trsa，需要在每台机器进行 ssh 公钥（id_ sa. pub）和 ssh 私钥（id_ rsa）的生成。在四台测试服务器上执行同样操作，实现四台服务器之间的免密码登录。

（2）Hadoop 启动及运行效果展示。格式化 HDFS：首先需要格式化 Hadoop 分布式文件系统（HDFS）。启动 Hadoop：分别利用 start-dfssh 命令 start-yarn. sh 启动 HDFS 和 yarn。启动完成之后，利用 jps 命令查看所有进程是否启动成功。

（3）Spark 安装与配置。Spark 是由美国伯克利大学开发的类似 Hadoop Map Reduce 的通用并行框架，具有 Hadoop 的优点，但将 Job 中间输出结果保存在内存中，不需要读写 HDFS，速度更快。Spark 的安装需要在 Hadoop 已经成功安装的基础上，并且要求 Ha-doop 已经正常启动。在名称节点上，安装 Spark，执行步骤有四个：①解压并安装 Spark；②配置 Hadoop 环境变量；③安装部署 Spark；④验证 Spark 安装。

2. 学生相关数据的整合

学生的个人信息数据和日常行为数据，原先存储在传统关系型数据库中，为了利用大数据环境下的 Hadoop 和 Spark 工具软件进行处理，须将关系数据库中的数据通过 Sqoop 子项目转换到 HDFS 分布式文件系统中；或将监控视频文件、上网日志等构成的文本文件通过 HDFS 的 API 接口编写程序，直接上传到 HDFS 中；利用 ETL 工具进行数据处理。下面详细介绍其在上述三个方面的实现方法。

（1）关系数据库中数据到 HDFS 的转换。学生信息数据原来存在关系数据库中，为了利用大数据平台处理数据，须将数据从关系数据库转换到 HDFS 中，因此须采用 Hadoop 生态圈中的 Sqoop 子项目。Apache Sqoop 是用来在结构化（关系型数据库）、半结构化和非结构化的数据源之间进行数据传输的一个工具。它充分利用了 Map Reduce 分布式并行的特点，可以将数据从 Hadoop 导入关系型数据库，也可以将数据从关系型数据库导入 Hadoop 中。

（2）数据处理流程。学生在校期间，产生了大量结构化数据存储在关系型数据库中，半结构和非结构化的文本文件与视频数据，主要包括学生学习动态数据和生活动态数据，学生平常生活产生的动态数据包含日常消费数据、日常生活数据、课外活动数据，学习动态数据包含学生个人信息和学习结果数据。其中，结构化的学生信息存储在学工系统、教务系统、后勤系统和图书管理系统中，经过整合后加入学校学生信息共享数据库，经过 Sqoop 子项目转换后，数据从关系型数据库转入 Hadoop 的 HDFS 分布式文件系统中；半结构化和非结构化的微博文本、上网日志和监控视频等数据，通过 HDFS 的 API 接口编写程序上传或下载到 HDPS 中。将 HDFS 文件系统中的数据，通过 ETL 过程完成数据的预处理、抽取和加载，经过 Hive 或 Spark 等数据挖掘工具分析后，采用网页设计技术实现可视化。

（二）系统非功能的具体实现

1. 安全性实现

一个系统如果要部署到 Internet 上运行，安全性是必需的，它需要抵御各种网络风险，采用各种策略保证用户数据不丢失、系统能安全运行。本项目开发时，JSP 页面的设计是在 J2EE 框架中进行的，J2EE 提供了各种安全性策略，可供用户使用，具体表现如下：

（1）针对系统中的不同用户，如系统管理员、教师、学生等，设置不同用户对 Web 资源的访问权限，定义安全域、安全角色和用户。

（2）系统对外发布时，须采用 Tomcat 开源软件，Tomcat 中的安全域是服务器存储安全配置的地方，可以设置安全验证信息，如用户信息或用户和角色的映射关系等。

（3）用户通过JSP应用提交请求时，可能受到恶意用户的攻击，黑客主要采用跨站脚本、HTML注射、SQL注射等方式进行攻击，为应对上述问题，可以采用过滤数据、强化编码人员安全性等方式解决。

2. 并发用户限制实现

在线并发用户人数可以称为并发连接数。用户浏览一个网页时，在浏览者和服务器之间建立一个链接，该链接也称为并发。一个系统在运行过程中，能容纳的在线人数是固定的，因此系统开发过程中须设计在线人数统计功能，并限制在线并发操作用户的数量，当达到一定数量时，禁止登录。

第三节　数据挖掘技术在科研管理中的创新

一、数据挖掘技术的本质

数据挖掘是指利用一定的方法从一定的原始数据中挖掘其中的隐含信息的过程。数据挖掘是一种计算机科学，与统计学、情报学等有相关性。简单而言，传统的信息处理所采用的统计方法是线性的、简单的，而数据挖掘是将原始数据通过更为复杂的统计思维，纳入一些专家系统作为逻辑，以模式识别等方式来挖掘更为深刻的信息。数据挖掘技术常用的方法有以下六种。

第一，神经网络法。神经网络法对高等生物的神经网络系统进行了模拟，通过不断学习挖掘工具的处理单元来提升对数据的认知，就像一个人体一样，在不同的数据环境中，逐步形成自己的认知思维，具有抗干扰、非线性学习、联想记忆等优势。

第二，决策树法。决策树法是基于对目标变量产生作用的差异而形成分类，因此能够利用相应的标准对原始数据开展分类，并以树形结构的形式存在，这种方法具有透明、易于理解等优势。

第三，遗传算法。遗传算法是对生物界群体繁殖以及基因结合等进行的模拟，利用基因结合、交叉变异、自然淘汰等模式来实现数据的总结与学习，能够从不规则的处理单元中找出规律。基于“适者生存”的原理，具有隐含并行性、容易与别的模型结合等优势。

第四，粗糙集法。粗糙集法能够对一些非完整的数据进行一定的处理，在一定的条件下可以实现对数据的弥补和完善，有一定的推理性和逻辑分析性，可以有效地建立预测

模型。

第五，模糊集法。模糊集法基于模糊集合理论对原始数据开展模糊评判、模糊决策，与粗糙集法有一定的相似性。

第六，关联规则法。关联规则法在数据挖掘中经常被使用，能够找出所有的频集，并由此建立强关联规则。

（一）科研管理中数据挖掘的相关步骤

第一，定义问题。为使数据挖掘活动具有清晰准确的目标，需要对要解决的问题进行定义，要清楚地定位需要解决的问题是哪些，如评价科研成果、评价科研效率等，因为不同的目标和问题所需要的模型是完全不同的。

第二，构建数据挖掘库。在确定好需要解决的问题后，需要选择有效的原始数据。对于数据挖掘技术的实施而言，原始数据通常是越多越好，但并不是滥用，在收集到所有的数据后，要对其进行一定的选择，并对数据进行描述与汇总，利用传统的数据统计进行元数据的搭建，形成数据库。

第三，分析数据。通常是利用数据分析软件进行数据的初步分析，因为原始数据过于庞大，并且很难找到重点，应借助工具进行归类，找出不同影响性的数据。

第四，准备数据。具体工作是选择变量、选择记录、创建新变量、转换变量。

第五，构建模型。通过数据挖掘实现对某个问题的解决，需要做的工作是多方面的，因此构建模型需要长期实行，反复开展，需要对大量的算法和数学逻辑进行参考，并在运行后反复优化。通常情况下，会先用一部分信息构建模型，并利用剩余的信息对模型进行测试，必要时甚至需要对另一部分数据进行验证。

第六，模型的评价。在对模型初步建立之后，还需要对其进行综合性的评价，对不同的数据下得到的结果的合理性进行专家评价，使模型更有价值。在实践过程中，通过数据挖掘技术来解决一定的问题，还应考虑模型面临的经济、人力、技术等方面的限制，所以，应评价这种模型实施的各方面的可行性。

第七，模型实施。在建立了初步的模型并且被认定为可行之后，就能够开展具体的实施，以对问题进行及时有效的解决。

（二）数据挖掘技术下科研管理工作的变化

1. 注重科研数据的原始收集积累

要积极提升科研单位的信息收集能力，构建广泛的科技文献、专利信息、论文信息以

及科研单位自身各类信息的数据库，包括科研工作者的基础信息、科研成果等，并充分使用。还应把科研管理的数据挖掘延伸到全球科研信息，如对于某个研究所而言，其研究的方向在全球有很多科研机构与成果，该单位就应在全球范围内进行原始数据的收集。原始数据的收集是重要的，也是很难完全做到的，如科研成果，不仅需要在主流的论文知识平台上进行信息的搜索，还有大量的专利平台、新闻报道、科学家的演讲等可供参考。在数据挖掘技术的发展中，应当对各类信息进行准确有效的收集，同时淘汰一些没有利用价值的数据，如过期的，甚至错误的科研成果等。

在科研管理和科研活动中，应当充分意识到原始数据的重要性，对原始数据准确保留，同时在对外部数据进行收集时，也能更好地筛选出有用的信息，以利于最终的数据模型的搭建。

2. 增强科研管理项目决策的科学性

针对科研管理及数据挖掘机制的开拓，还应从具体的科研管理项目决策上着手，从而使决策更具科学性。同时应该基于信息筛选的理念，对科研管理工作进行细化，充分利用数据挖掘的优势思维，基于云计算的模式，对研究的领域、可能得到的学术成果进行深入的分析；积极地借鉴国内外相关学术成果的现有文献，找出最合适的研究思路，并对科学课题的创新性和可行性进行判断，对其意义与必要性进行判断。在数据挖掘思维及技术的指导下，科研管理项目的科学性很容易被监测，科研人员也能够被督促，使项目决策更具有科学性。

3. 加强深层次科研活动服务的力度

各类科研机构的科研项目，通常由科研工作者以某个机构的研究为主进行申请。与过去的科研活动管理、信息化技术的应用相比，科研工作者仅是根据具体的科研工作，向上级领导单位进行申请书的投递，而后者则对申请内容进行进一步分析。在具体的实践中，会出现申请力度不足、相关数据残缺、有一定的错误信息等，使得科研管理水平降低，有时会存在申请课题与实际需求差距较大，以至于申请最终无法通过。在数据挖掘技术的应用过程中，数据更加透明，也更为丰富，科研单位应掌握数据挖掘的思维和技术，对数据领域进行分析、研究、准确预测，探索构建科研管理、数据挖掘的模型。与此同时，基于数据可视化的理念，得到成形的相关报告，这可以给工作人员提供更为全面的数据信息，并对其中的内在联系进行梳理。拥有较为准确的信息就能够全面地指导科研工作人员的工作，使科研管理与数据管理达到深层次的服务目标，提高科研管理的质量水平。

4. 重视资源的合理配置及管理的优化

科研管理工作牵涉诸多的科研资源，管理单位应对各种资源进行合理配置，进一步对数据管理进行优化。具体方法包括：①对相关数据开展广泛的采集和初步的筛选，构建相应的数据管理资源库、人才库、科研成果库等；②对科研机构的自身发展进行一定的科研评判，构建相对健全的科研模型，包括科研资源研究模型、科研成果模型等，并对其中的参数进行有效的计算，进一步制定完善的管理规则；③利用定量化绩效考核的思路，及时搭建科研资源的基础配置。以决策支持管理工具为基础，有效地对相应的数据进行管理，基于数据挖掘的模式对科研机构的资源开展科学配置。

总而言之，数据挖掘是一个具有广阔应用前景和富有挑战性的新兴学科，在商业及工业化生产中已经得到广泛的应用，并取得了显著的经济效益和社会效益。我国在这方面的工作主要集中在学术领域和商业应用领域，在科研管理领域的应用刚刚起步，目前仍然处于萌芽阶段。随着数据仓库、人工智能技术的不断发展，国内科研管理体制的逐步完善和数据库的广泛应用，数据挖掘技术必将为科研管理、领导决策乃至科学研究本身带来极大的效益。我国各级科研管理机构应积极推动数据挖掘技术的发展，在努力探索数据挖掘技术与科研管理融合的同时，注重数据仓库和数据挖掘技术的研究和软件开发，全面提高我国科研管理水平，增强我国的科研实力。

二、数据挖掘技术在科研管理中的创新实践

“为了进一步优化高校科研管理系统的实际价值，要着重利用数据挖掘技术，提高高校科研管理水平。”①

（一）教师科研业绩评价指标体系的构建

1. 科研评价指标的选择

由于此处重点研究不同学科教师群体科研水平的划分标准，因此，依据教育部学位与研究生教育发展中心“学科估计”标准，并结合目前高校的一般性做法，建立本研究的科研业绩评价指标体系。

---

① 张辰枝：《大数据环境下基于数据挖掘技术的高校科研管理系统的设计研究》，载《网络安全技术与应用》2018 年第 5 期，第 29 页。

2. 科研业绩评价指标的计算规则

在教师科研业绩评价指标体系中共设置四个一级评价指标，分别为科研项目、学术论文、学术专著和成果专利，一级指标下共设置 13 个二级指标，各项指标的当量计算规则设置有以下方面。

（1）科研项目。科研项目按项目经费来源划分为纵向科技项目和横向科技项目。其中，纵向科技项目指由国家财政性经费支持的科研项目，按学术影响程度从高至低依次划分为 Z1、Z2、Z3、Z4、Z5 五级。Z1 级项目为国家级重大、重点科技计划项目（课题）；Z2 级项目为国家级一般科技计划项目；Z3 级项目为省部级一般科技计划项目；Z4 级项目为厅局级科技项目；Z5 级项目为其他一般纵向科技项目。横向科技项目指利用非财政性经费委托开展的各类技术转让、技术开发、技术咨询、技术服务类科技项目。横向科技项目按项目经费额度从高至低依次划分为 H1、H2、H3、H4 四级。

（2）学术论文。学术论文是科研成果的常见形式之一。学术期刊论文按其发表期刊的学术影响从高至低依次划分为 A、B、C、D 四个等级。其中，A 类为 SCI 刊源文章，又可按分区细分为 A1、A2、A3 和 A4。B 类为 EI 刊源文章；C 类为国内核心期刊文章；D 类为其他一般期刊文章。

（3）学术专著或成果专利情况。由于学术专著和成果专利涉及人数较少，且部分学科考察出版学术专著情况，部分学科考察成果专利转化情况，因此为简化处理将二者合并为一个指标项。其中，学术专著一级指标分为专著、编著、译著和科普著，并根据著作的出版社级别——国家级出版社和其他出版社进行当量积分计算。专利依据类型分为外观设计专利、实用新型专利、国家发明专利和国际发明专利等二级指标。在这里，理工类学科考察成果专利情况，人文、管理类学科考察出版学术专著情况。

（二）基于聚类算法的教师科研思维创新指数构建思路

1. 基础算法的选择

科研指数即某类教师的总体综合科研水平。针对实验数据所反映的教师科研业绩数据的基本特征，这里选择利用 PAM 算法进行教师科研指数的构建。PAM 算法是一种 k-medoids 的基础算法，相对于 k-means 算法，PAM 算法不易陷入局部最小值的情况，其算法思想和基本步骤有以下两点。

（1）PAM 算法思想：先为每个族随意选择一个代表对象（中心点），剩余的对象根据其与代表对象的相异度或距离分配给最近的一个族。然后反复地用非代表对象来替换代表

对象，以提高聚类的质量；聚类质量由代价函数来评估，该函数用来判断一个非代表对象是不是当前一个代表对象的好的代替，如果是则进行替换，否则不替换。最后给出正确的划分。

（2）PAM 算法的基本步骤：①在 n 个对象中随意选择 k 个对象作为初始的中心点；②重复；③指派 n-k 个剩余的对象给离它最近的中心点所代表的族；④为每一个对象对 Oi，h 计算总代价 TCih，此处 Oi 是当前中心点，Oh 是非中心点；⑤找出所有对象对 Oi、Oh 的总代价 TCih 中的最小值 min TCih，如果 min TCih 是负值，用 Oh 替换 Oi，形成新的 k 个中心点集合；⑥直到 min TCih>0；⑦指派 n-k 个剩余的对象给离它最近的中心点所代表的族。PAM 算法虽然不易陷入局部最小值的情况，但是还存在一些缺点，如聚类个数不确定等问题，因此须对聚类离群点和聚类个数问题进行进一步的深入研究。

2. 聚类个数的选取

划分式聚类对聚类数比较敏感，不同的聚类个数得到的聚类结果差距很大。为了最大限度地体现出数据的自然结构，使聚类结果更具客观性，需要对聚类个数的选择进行研究。本研究采用轮廓系数的方法来确定聚类个数。该方法结合了凝聚度和分离度，可以以此来判断聚类的优良性，其值在-1 到 1 之间，值越大表示聚类效果越好。依据这个原理，计算时可以尝试用多个族参量，反复计算在每个族个数条件下的轮廓系数，当轮廓系数取最大时，其相应的族个数是最好的。

3. 聚类离群点检测

聚类离群点是指样本空间中与其他样本点的一般行为或特征不一致的点。进行离群点检测的主要原因是：①离群点可能会导致聚类结果不理想，影响聚类结果的客观性；②离群点本身可能也体现了一种现象，因此离群点对于真实数据的分析具有很大的实际意义。此处采用基于密度的离群点检测方法来发现聚类离群点。这是因为基于密度的离群点检测方法不是将离群点看作一种二元性质，即不简单用是或者不是来断定一个点不否是离群点，而是用一个权值来评估它的离群度，这样的好处在于不用预先知道数据空间的分布特征，同时适用于多维度数据，这就使得当空间数据分布不均匀时依然可以准确发现离群点。

第四节 大数据下教育管理长效机制的实现

为确保高等教育成果化、标准化，应创建配套的管理机制，高等教育管理机制是高校开展和实施教育的先决条件，涉及方方面面的内容，如教育秩序控制体系、教育质量监管体系等。大数据时代的到来，促进了各类信息的快速流通及输出，再加上信息的多变性和灵活性，使得传统管理机制难以与实际情况相结合，无法紧跟时代潮流。高等教育管理是一项系统性、综合性工作，侧重对整个教育体系实施动态化管理和精细化管理。高等教育事务的烦琐复杂，表明创建以数据为基础的管理机制的重要性。从现阶段我国高校教育管理运行情况来看，存在软硬件设施不足、管理系统结构混乱、管理人才紧缺等问题，高等教育管理改革创新势在必行。

高校立足长远发展，应打破传统管理模式，以大数据技术为支撑，创建高等教育管理长效机制。与此同时，高校必须紧跟潮流，从顶层设计出发，依据实际情况，创建给予大数据的长效机制。高校应依托于信息技术、大数据技术等，创建大数据管理平台，创新管理运行方式，使高校教育管理工作上升新高度，促进管理效率的提升。

一、调整教育管理队伍思维模式

高校应重视对教育管理队伍的建设，提升专业技能和数据素养。作为高校教育管理者，应调整思维模式，紧跟大数据时代潮流，形成大数据思维。教育管理队伍体现教育管理水平，应将提升数据素养落实到日常管理中。

首先，高校全体成员应具有大数据思维，正确看待大数据应用价值，由于大数据处在技术变革时期，发展相对不成熟，需要管理者应具有鉴别能力，发挥引导作用，从技术心理反应层面出发，排查数据技术应用潜在风险；其次，高校应对教育管理队伍成员展开系统培训，提升数据采集能力、应用能力等，能够对数据进行定位，具备去伪存真的意识；最后，高校管理者应认知到大数据技术优势及缺陷，具有主动反思和随机应变能力，虽然大数据应用价值逐渐凸显，但考虑到学生发展状况，存在泄露学生隐私问题，需要坚持科学、公正、安全原则，恰当利用大数据技术，严查教育管理体系中的不正当行为。

高校对教育管理团队的创建，应打破传统管理机制模式，增强大数据思维和意识，同时不断提高教育管理者职业技能和综合素质，如数据采集能力、数据定位能力、数据清洗与筛选能力等。并且还要重视在教育管理工作中主动反思和伦理审视能力，保护教育资源和师生隐私信息。

二、完善大数据管理平台的建设

为健全和完善高校教育管理机制，应根据实际情况，充分运用大数据技术，创建标准化、系统化、专业化的大数据管理平台。对于大数据管理平台的构建，高校应从整体利益出发，对大数据技术进行统筹规划和设计，以功能需求为目标，做好调研论证工作，避免出现资金资源浪费现象。在大数据管理平台建设期间，应积极引进先进的管理技术及理念，与现行状况结合起来，采取查缺补漏的做法，杜绝大拆大建。同时，以软硬件设施为基础，还要适当加大专项投入，营造良好的软硬件环境，防止教育管理平台应用期间出现运行障碍；还要加强对教育管理平台的维护和管控，在线监测、动态管理平台运行，将平台运行成本作为预算成本，确保技术效用的发挥。

高校应该从日常管理情况出发，发挥数字化小组引导作用。首先，动员各部门和教学院系依据实际情况，创建以大数据技术为支撑的管理平台和系统，涵盖学生管理、教务管理及科研等管理等内容；其次，创建与教育管理平台相对应的动态采集和实时更新机制，依托多媒体、微型传感器、摄像头、全球定位系统（GPS）等技术，优化教育管理现状，改善校园环境状态，促进仪器设备运行；再次，高校应坚持统筹协作、多方共治的原则，有机融合各机构部门的数据资源，促进资源共享和业务整合，发挥大数据技术的活力与价值；最后，高校应推进信息化建设，结合管理工作的具体情况，推动数据驱动管理智能系统的建设与应用。

三、整合数据开发共享的融合渠道

高校教育管理过程中，应正确看待大数据技术的优势及缺陷，大数据技术是一个双面镜，既给人们带来高效快捷的信息，又出现一些不容忽视的风险隐患。当前网络信息时代，数据安全是诸多行业及领域的重要课题，对于教育管理平台的整合与运用，应将安全功能作为前提和基础。由于高校教育管理工作包含数据采集、个人信息、数据处理等环节，其间会涉及广大师生隐私信息，如果无法保障数据安全，会对学校、社会及个人构成严重威胁，降低广大师生对教育管理平台的信任度，不利于教育管理工作的正常开展。

因此，高校需要在教育管理平台合理应用的基础上，创建一套丰富全面的长效机制，根据教育管理平台运行情况，创建数据规范及应用标准，坚持最小需求原则，为避免出现超出应用范围采集情况要做到两点：首先，要合理控制数据采集工作；其次，要监管数据运行整个过程，采用技术加密、权限管理等措施来维护网络安全。

大数据在教育领域中的广泛应用，将大量的数据资源相整合，在教育管理工作中，作为“数据化”必要手段，应以数据采集与收集为基础，确保智能系统的应用，依托有效的技术手段，创建存储、共享、挖掘等功能。由于智能系统覆盖范围比较广，有着较强的综合性和连续性，既需要将各项教育数据细化，又需要符合大数据管理功能，形成配套的长效机制，促进教育管理效率的提升。传统教育管理机制具有单向性，以上级部门特定需求为原则，采取封闭性的管理方法，使得数据质量低、数据兼容性差等问题突出。高校应关联分析和预测大数据技术，促进各数据库和平台之间的资源共享。一般而言，如果数据融合出现阻滞性，主要表现为数据竖井和数据孤岛。

在传统管理机制下，创建对口式管理系统具有单向封闭的显著特征，无法与实际情况结合，使得数据流畅性差、数据规格各异等问题凸显出来，由于院校内各部门缺少数据交流与共享的长效机制，造成整体信息驾驭能力下降，无法确保教育管理体系的时效性和协同性，表明应不断满足与大数据环境相适应的智能化需求。高校应正确看待互联网信息技术下的大数据技术，对现有的管理体制进行革新，综合考虑学校各层面利益，创建以大数据技术为核心的数据管理平台，对各类教育管理数据及时归纳和整理。与此同时，高校内部应成立数字化领导小组，确保各组织部门对管理心态的充分挖掘，满足跨学科应用和实现资源积累效应，为高校教育管理、广大师生提供全方位、多元化服务。

另外，高校为立足于长远发展，应加强与政府、企业的合作关系，为数据共享和业务合作创造有利条件。首先，高校应将教育管理体系中的资源与政府部门政务数据结合起来，采取检验和对比分析的方法，确保教育决策的创建具有丰富的理论依据；其次，为最大限度发挥大数据技术在教育管理体系中的作用，高校可采取服务外包的方式，整合大数据技术优势，从而创建出安全系数高、使用性能良好、可靠稳定的管理软件与服务平台。

四、构建教育大数据安全防护体系

大数据与革新高校教育管理之间，两者存在着高度契合，从大数据时代高校教育体系来看，教育决策从凭借经验逐渐走向基于数据，教育管理从宏观群体走向微观个体，自查和能源管理从人管电控走向智能调节，舆情监控从被动走向提前预防，学生事务管理从粗放走向精细化和动态化，对此应创建教育大数据安全防护体系，促进广大师生数据安全及其安全隐私。高校构建教育大数据安全防护体系的方法具体有以下四种。

第一，高校应保护学生主体地位，避免使用不正当手段采集与收集数据，确保数据传播的安全性和可靠性。

第二，与传统管理机制相结合，合理应用大数据技术，创建完善的管理制度及内容，对数据的存储周期、使用周期等，数字化小组应发挥监管作用，确保数据应用过程中的信息公开化和透明化。

第三，应强化数据保护技术，如设置防火墙、信息加密、病毒检测、模糊化处理等，不断引进先进的管理技术和理念，为教育数据的技术应用提供有力保障。

第四，一旦发现大数据信息泄露、资源盗用等现象，应加大惩处力度。

总而言之，大数据时代背景下，高校应创建以技术体系为支撑的教育管理平台，同时制定长效机制，为教育管理平台的合理化应用提供保障。对于长效管理机制的创建，应根据实际制定有效举措，如强化信息化建设、大数据管理平台建设等。

参考文献

[1] 黄永军. 发展教育管理理论的方法探究 [J]. 国家教育行政学院学报，2011（1）：43.

[2] 侯艳红. 大数据时代下教育管理模式的变革刍议 [J]. 求知导刊，2018（1）：141.

[3] 张岚. 大数据时代教育管理现代化发展机遇和挑战探讨 [J]. 商情，2022（35）：119.

[4] 杜斐. 高校学生管理信息化现状及重构研究 [J]. 漯河职业技术学院学报，2015（5）：122.

[5] 刘占凯. 信息化背景下高校学生管理创新思路研究 [J]. 办公自动化，2022，27（18）：62.

[6] 王琪. 高校人力资源管理与行政改革研究 [M]. 北京：北京工业高校出版社，2018.

[7] 刘奎汝. 解析大数据时代高校行政管理信息化建设 [J]. 中外企业家，2020，（18）：40.

[8] 李燕. 新时期高校教师能力培养与专业化发展探究 [M]. 成都：四川高校出版社，2018.

[9] 王调江. 大数据环境下高校教育管理信息化创新思考 [J]. 创新创业理论研究与实践，2021，4（22）：154.

[10] 王球琳，魏巍. 大数据视域下大学生创新创业教育质量的提升 [J]. 中国新通信，2022，24（14）：242.

[11] 杨亮星. 微信公众平台在高校大学生管理与教育中的应用探析——以新疆大学物理科学与技术学院为例 [J]. 山西青年，2017（21）：230.

[12] 董洪福. 班级微博为班级管理装上 GPS 导航系统 [J]. 求知导刊，2014（11）：151.

[13] 沈丽丽. 高校教学管理中大数据思维的运用 [J]. 吉林广播电视大学学报，2020（11）：107.

[14] 张辰枝. 大数据环境下基于数据挖掘技术的高校科研管理系统的设计研究［J］. 网络安全技术与应用，2018（5）：29.

[15] 陈培芬. 大数据环境下高校教育管理信息化创新与发展研究［J］. 无线互联科技，2022，19（1）：119.

[16] 伍乙生. 大数据环境下的高校教育管理信息化创新与发展研究［J］. 通讯世界，2021，28（4）：329.

[17] 陈海军. 大数据时代下高校教育管理信息化创新发展研究［J］. 创新创业理论研究与实践，2019，2（9）：180.

[18] 李娜，刘金实. 大数据时代下高校教育管理信息化创新发展路径初探［J］. 教育现代化，2018，5（5）：295.

[19] 辛贵梅. 基于大数据环境下高校教育管理信息化创新与发展研究［J］. 企业管理与科技，2018（25）：83.

[20] 王欢. 基于大数据环境下高校教育管理信息化创新与发展研究［J］. 山东农业工程学院学报，2020，37（6）：157.

[21] 郭佳卉. 论大数据时代下高校教育管理信息化创新发展路径［J］. 空中美语，2021（8）：1314.

[22] 刘星. 大数据背景下高校教育管理信息化建设探索与思考［J］. 江苏科技信息，2017（33）：38.

[23] 程苗. 大数据环境下高校教育管理信息化创新路径研究［J］. 北京印刷学院学报，2019，27（11）：101.

[24] 博一雪. 大数据环境下高校教育管理信息化发展研究［J］. 消费导刊，2021（32）：167.

[25] 王妍. 浅谈大数据视域下高校教育管理信息化创新途径［J］. 山西青年，2021（9）：91.

[26] 金敏. 基于大数据环境下高校教育管理信息化创新与发展研究［J］. 消费导刊，2020（26）：64.

[27] 陈宏. 基于大数据环境下高校教育管理信息化创新与发展研究［J］. 智库时代，2021（42）：56.

[28] 姜天赐. 基于大数据环境下高校教育管理信息化创新与发展研究［J］. 教育现代化，2020（98）：154.

［29］李南. 大数据背景下地方高校教育管理创新研究［J］. 科学与财富，2019，11（28）：20.

［30］李冰洁. 大数据背景下高校教育管理工作的探索研究［J］. 文化创新比较研究，2018，2（23）：140.

［31］姜大从. 基于物联网云计算与大数据应用的高校信息化建设研究［J］. 信息与电脑，2021，33（22）：221.

［32］张立滨，王大顺. 大数据时代下高校教学管理信息化的改革创新对策［J］. 当代教育实践与教学研究（电子刊），2021（21）：121.